KB138605

투머치머니

||||||||||||||||||||||Too Much Money||||||||||||||||||||||

투머치머니

권오상 지음

워런 버핏, 조지 소로스, 짐 로저스, 찰리 멍거……
부의 거인들은 어떻게 부자가 되었는가?

인물과
사상사

● 일러두기

1. 비교의 용이함과 이해의 편의를 위해 외국 돈을 우리 돈으로 환산할 때 시점을 무시하고 다음과 같은 단순한 비율을 사용했습니다. 미국 1달러는 1,200원, 1유로는 1,400원, 영국 1파운드는 1,600원, 오스트레일리아 1달러는 1,000원, 1엔은 10원, 그리고 1위안은 180원으로 계산했습니다.

2. 인명, 지명 등 고유명사의 표기는 국립국어원 외래어표기법을 따랐으나 일반적으로 통용되는 표기가 있을 경우에는 이를 참조했습니다.

3. 단행본, 잡지, 신문은 『　　』, 기사, 짧은 글은 「　　」, 영화, 프로그램 제목, 미술작품은 〈　　〉로 표기했습니다.

DEO GRATIAS

들어가는 말

이 책의 본문은 뉴스나 논문 또는 책에서 확인된 실제의 사실과 카지노 자본주의를 당연하게 여기는 사람들의 신앙 같은 생각, 두 가지로 구성되었다. 즉 여기에 저자인 내 생각은 한 구절도 나오지 않는다.

이 책을 어렴풋이 구상하기 시작한 때는 2017년이었다. 벌써 햇수로 6년째일 정도로 이런 내용을 써야겠다는 생각을 오래했지만 어떤 식으로 써야 할지 감이 잡히질 않았다. 그러다 2021년 말 레오나르도 디카프리오와 제니퍼 로렌스가 나오는 영화 〈돈 룩 업〉을 접하고는 영감을 얻었다. 그 뒤로 작업은 일사천리로 이루어졌다. 즉 이 책은 요즘 사람들이 '투자'라고 부르는 행위에 대한 풍자이자 블랙코미디다.

책을 쓰는 사람으로서 누가 읽을지를 그려보는 일은 중요하다. 두 부류의 독자가 머릿속에 자연스럽게 떠올랐다.

첫째는 금융자본주의와 주류경제학의 한계 및 문제점에 공감하는 사람들이다. 나심 니콜라스 탈레브나 장하준 혹은 마이클 루이스의 책을 보며 무릎을 쳤던 독자라면 이 책을 즐겁게 읽을 가능성이 크다. 그들에게 이 책을 읽는 경험이 하나의 카타르시스로 다가오길 기대해본다.

둘째 부류는 약간 의외일 수 있다. 바로 돈 불리기에 관심이 있는 사람들이다. 금융의 문제 같은 것에 관심 없고 그저 수익률이 중요한 경우다. 이들도 팁으로 가져갈 것이 충분하도록 글을 썼다. 돈 불리는 방법이 단지 단타 혹은 매수 후 (강제 장기) 보유가 전부가 아니라는 걸 알게 하고 싶었다. 적나라한 돈 불리기의 백태를 접하고 나면 그중 일부가 오히려 회심을 하게 되길 바랐달까, 도박꾼이었던 블레즈 파스칼이 그랬던 것처럼.

낮은 곳을 향하며 세상에 감사와 평화를.

2022년 8월
자택 서재에서
권오상

7

차례

1부

방향성 거래
Directional Trading

1장

값이 오를 것을 사는 것은 기본 중의 기본이다

황소와 레버리지

금융이란 무엇일까? 중고등학교 사회 교과서와 참고서를 출판하는 비상교육의 비상학습백과에 따르면, 금융이란 "돈을 필요로 하는 사람에게 자금을 원활하게 공급하여 경제활동이 지속적으로 이루어지게 하는 활동"이다. 이러한 교과서적 설명은 역할이 있다. 바로 우리가 행하는 행위의 본질을 가리는 역할이다. 말하자면 커버업이다.

　우리에게 금융은 그저 돈을 불리는 수단이다. 돈은 우리에게 가장 중요하며 성스럽기까지 하다. 그렇게 최고로 존엄한 대상을 불리는 행위 또한 중하지 않을 수 없다. 그런고로 금융은 세상에서 가장 막중한 일이다.

게다가 금융은 시장을 통해 이뤄진다. 시장은 사회의 자원을 가장 효율적으로 사용하게 해주는 은혜로운 제도 아니던가. 경제학의 시조라 불리는 애덤 스미스는 『국부론』에서 "자기만의 사적이익을 추구하는 개인은 공공의 이익을 실제로 고취하려는 자보다 더 효과적으로 사회 전체의 이익을 빈번히 고취"한다고 설파했다. 나 혼자만 잘살자고 드는 것이 결과적으로 모두를 잘살게 만든다는 지고지순한 진리다.

그런 가르침에 따라 우리 모두는 철저히 각자의 이익을 추구해야 마땅하다. 우리는 앞서 말한 애덤 스미스의 주장을 "내 돈이 더 불어난 만큼 사회가 좋아진다"는 말로 이해한다. 그 돈이 어떻게 불어났는가는 중요하지 않다. 즉 가진 돈을 더 크게 불리려는 일은 정의로우며 선하다.

이번 1장부터 마지막 10장까지 금융시장에서 돈을 불리는 대표적인 10가지 기법을 소개한다. 나 혼자만 알아야 될 것 같은 기법을 투명하게 설명하는 이유는 무엇일까? 몇 명만 금융시장에서 돈을 불리려는 편보다 모든 사람이 그러는 편이 더 나은 것이 당연하다. 모두가 돈을 최대로 불리면 우리에게 지상낙원이 다가올 것이다.

너희가 금융을 알지니 금융이 너희를 자유케 하리라.

♠

　본격적인 이야기에 앞서 모두에게 영감이 될 만한 질문을 던지면서 시작하려 한다. 역사상 가장 큰 이문을 남긴 거래는 무엇일까? 검색해보면 유력한 후보가 하나 나온다. 페터 미노이트가 행한 거래다.

　1580년, 독일의 베젤에서 태어난 미노이트는 가업인 다이아몬드 세공에 종사하던 사람이었다. 원래 그의 부모는 오늘날 벨기에 투르네에 해당하는 곳에서 살았다. 벨기에를 포함한 일명 저지대 국가는 당시 스페인의 영토였다. 개신교도였던 미노이트의 부모는 가톨릭 국가인 스페인의 지배를 피해 베젤로 도망쳤다.

　하지만 베젤도 안전한 곳은 아니었다. 그곳은 네덜란드독립전쟁에 제대로 휘말린 지역 중 하나였다. 1568년에 시작되어 80년간 치러진 이 전쟁은 저지대 국가의 개신교도가 스페인에 반란을 일으킨 전쟁이었다. 1586년부터 스페인군에 포위된 베젤은 4년 만인 1590년에 함락되었다. 네덜란드와 스페인은 베젤을 두고 뺏고 빼앗기기를 반복했다.

　1625년, 46세의 미노이트는 베젤을 떠나 네덜란드로 갔다. 1621년에 설립된 네덜란드 서인도회사에서 일하기 위해서였다. 서인도회사는 그보다 19년 먼저 1602년에 생긴 동인도회사와 마찬가지로 무역과 무력을 동시에 하는 네덜란드 제국주의의 첨병이었다.

서인도회사에서 미노이트가 가장 먼저 하게 된 업무는 뉴네덜란드에 가서 사고팔 거리를 찾아보는 일이었다. 글자 그대로 '새로운 네덜란드'를 뜻하는 뉴네덜란드는 신대륙에 자리 잡은 네덜란드 식민지였다. 회사는 뉴네덜란드에서 나는 물품이 동물 가죽밖에 없다는 사실에 불만이 많았고 별다른 수확 없이 돌아온 미노이트를 못마땅해했다.

그러던 어느 날 미노이트에게 생각지도 못한 기회가 찾아왔다. 뉴네덜란드 사람들이 서인도회사의 두 번째 지점장으로 발령받은 빌럼 베르헐스트를 싫어하자, 베르헐스트는 본국으로 소환되고 미노이트가 새로운 지점장으로 임명된 것이다. 1626년 5월 4일, 미노이트는 뉴암스테르담에 도착했다. 작은 섬이기도 한 뉴암스테르담은 뉴네덜란드의 중심 정착지였다.

하지만 미노이트는 6년 뒤인 1632년 서인도회사에서 해고되었다. 해고 사유에 대해서는 정확히 알려진 바가 없어 특권을 가졌던 네덜란드 지주들의 불법 모피 무역을 사주한 탓일 것이라고 추측할 뿐이다. 유럽으로 돌아온 그는 이번에는 스웨덴을 위해 일하기로 결심했다. 1638년 3월 29일, 두 척으로 구성된 스웨덴 식민선대가 델라웨어강 하구에 도착해 뉴스웨덴을 선포했다. 이 지역은 이전에 네덜란드가 영토로 선언한 곳이었다. 뉴스웨덴의 총독이 바로 미노이트였다.

뉴스웨덴 총독으로서 미노이트는 특출한 성과를 내지 못했다. 게다가 그의 말년은 불운했다. 그는 뉴스웨덴에 정착한 지 몇 달 뒤 카리브제도로 무역 항해에 나섰다가 배가 폭풍우로 침몰하며 익사했다.

그럼에도 미노이트의 이름이 오늘날까지 전해지는 이유는 무엇일까? 1626년 새로운 지점장으로서 뉴암스테르담에 도착하자마자 한 일 덕분이었다. 그는 60길더에 해당하는 값을 치르고 레나페 혹은 델라웨어 부족이라고 불리는 아메리카 원주민들로부터 뉴암스테르담을 산 사람으로 알려져 있다.

이 거래가 왜 대단한 것일까? 뉴암스테르담이 오늘날 뉴욕의 맨해튼섬이기 때문이다. 미국에서도 비싸기로 유명한 맨해튼섬의 땅값은 2013년에 추산된 금액으로 대략 3,600조 원에 달한다. 이는 약 2,000조 원을 기록한 2021년 한국 국내총생산의 1.8배다.

미노이트의 거래가 얼마나 크게 돈을 불린 것인지 알기 위해서는 1626년의 60길더를 지금의 돈으로 얼마인지를 알아야 한다. 하지만 시점의 차이가 워낙 커서 정확한 값을 구하려는 시도는 부질없다. 그보다는 대략 이런 정도임을 확인하고 참고하는 선에서 만족하면 된다.

당시 60길더는 네덜란드의 장인급 목수나 개신교 목사의 한 달 반 치 월급과 맞먹었다. 또 무게만 고려해 1길더 은화를 오늘날 은값으로 변환하면 60길더는 60만 원 정도다. 범위로 나타내자면

60길더는 10만 원보다는 확실히 많고 1,000만 원보다는 아마도 적은 돈이었던 셈이다. 100만 원가량의 돈이 36억 배로 불어났으니 그저 전율할 따름이다.

♠

미노이트의 사례가 생생히 증명하는 돈을 불리는 기법은 가격이 오를 만한 무언가를 사는 것이다.

이 기법은 너무도 자명한 나머지 기술적으로 풀이할 구석이 많지 않다. 핵심은 여러 거래 대상 중 가격이 오를 것을 잘 찍는 데에 있다. 이때 사용할 수 있는 방법은 차고 넘친다. 그중 어느 방법이 나와 잘 맞는지를 알아내는 것은 각자에게 달렸다. 잘 맞기만 하다면 무당인들 그냥 지나치랴.

이런 쪽으로 언급할 만한 사람이 하나 있다. 미국 웹사이트 인베스토피아의 '역사상 가장 유명한 10명의 거래자'에 뽑힌 윌리엄 갠이다. 이 명단에는 조지 소로스나 짐 로저스 같은 전설적인 트레이더가 망라되어 있다.

1878년 미국 텍사스에서 태어난 갠은 주식과 원자재를 주로 거래했다. 그는 여러 거래 대상 중 무엇을 언제 거래해야 할지를 결정할 때 자기만의 비법을 동원했다. 바로 고대로부터 비밀리에 전해져 내려오는 기하학과 점성술이었다.

예를 들어, 갠이 보기에 금성과 토성은 옥수수 가격에 영향을 주고 화성과 목성은 콩 가격에 영향을 미쳤다. 그는 두 천체가 이루는 각도를 나선형 모양의 차트나 육각형 모양의 차트에 겹쳐 가격을 예측했다. 또한 미시시피강의 범람은 천왕성과 해왕성에 의해 결정되었다. 매년 4월 중순 전에 천왕성과 해왕성의 각도가 45도나 30도의 배수가 되면 홍수가 난다는 것이었다.

많은 제자와 추종자를 거느렸던 갠은 1955년에 죽었다. 그가 남긴 재산은 당시 돈으로 600억 원 정도라고 알려졌다. 당시의 600억 원은 소비자물가지수를 바탕으로 추정했을 때 지금의 돈으로 약 5,800억 원에 해당한다.

어느 방법에 의존하든 간에 변하지 않는 사실이 한 가지 있다. 시장에서 팔겠다는 사람보다 사겠다는 사람이 많아지면 가격이 올라간다는 점이다. 반대로 사려는 사람이 팔려는 사람보다 적어지면 가격은 떨어진다.

금융시장에는 가격이 오를 것이라 믿고 거래 대상을 매입하는 사람을 지칭하는 말이 있다. 바로 '황소'다. 즉 황소는 거래 대상을 사들이는 사람이다.

여기서 여러 가지 금융용어들이 탄생했다. 앞서 이야기했듯이 사는 사람, 즉 황소가 많아지면 해당 거래 대상의 가격은 오른다. 그래서 이 같은 경제적 상황을 '황소 시장'이라고 부른다. 다시 말해 황소 시장은 거래 대상의 가격이 오르는 현상을 가리킨다. '황

황소와 레버리지

소 같다'는 뜻의 영어 단어 'bullish'가 가격 상승을 기대하는 의미로 쓰이는 것도 이 때문이다.

왜 황소가 가격 상승을 의미하게 되었을까? 영국의 시인 알렉산더 포프가 1720년에 쓴 시에 그 힌트가 있다.

와서 남해의 술잔을 가득 채워라
우리 편인 주식의 신들이 돌보리라
기쁜 유로파가 황소를 받아들이니
환희에 찬 주피터가 *이 나중에 오게 하리라

포프와 동시대를 살았던 영국인이라면 이 시를 금방 이해할 테지만 21세기를 사는 우리에게는 약간의 설명이 필요하다. 먼저 남해는 1711년에 상장되어 1720년에 정점을 찍은 영국 남해회사의 주식을 가리킨다. 유로파(에우로페)는 그리스신화에서 주피터(제우스)가 아름다움에 반해 납치한 페니키아의 공주다. 주피터가 유로파를 유혹할 때 황소로 변신했다. 즉 포프의 시에서 황소는 남해회사의 주가 상승을 상징한다.

또한 1850년대 월가의 한 신문이 주가 상승장의 심벌로 뿔을 높이 세운 황소를 사용했다. 황소가 공격할 때 뿔을 아래에서 위로 치받는 모습이 주가 차트에서 보고 싶은 우상향 곡선을 닮았다는 이유였다. 이후 황소는 미국의 금융회사들이 모여 있는 월가를 상징하는 아이콘으로도 자리 잡았다.

월가의 금융사 중에는 황소를 아예 자기네 심벌마크로 삼은 곳도 있다. 21세기 초반까지 골드만삭스, 모건스탠리와 더불어 미국 투자은행 탑3로 꼽혔던 메릴린치가 그곳이다. 공격적인 태도로 유명했던 메릴린치의 영업 직원을 가리키는 말이 "우르릉대는 떼거리"였기 때문이다. 메릴린치는 1974년부터 황소 모양의 로고를 사용해왔다.

이게 전부가 아니다. 맨해튼의 브로드웨이에 가보면 높이 3.4미터, 길이 4.9미터에 달하는 3.2톤짜리 황소 동상이 서 있다. 고개를 빳빳이 쳐들고 무엇이든 들이받을 것 같은 자세를 취하고 있다.

이곳에 황소 동상이 생긴 연유는 이렇다. 1987년 10월 19일, 미국 주식시장에 기록적인 폭락이 발생했다. 미국의 대표적 주가지수인 다우존스지수가 전일 종가 대비 22.6퍼센트나 떨어졌다. 홍콩의 항생주가지수는 하루 만에 45.8퍼센트를 날렸다. 전날 1억 원이었던 돈이 하루아침에 5,400만 원으로 거의 반토막 난 것이었다. 주가 대폭락으로 대공황의 시발점이 된 1929년 10월 24일을 '암흑의 목요일'이라 한 것에서 본떠 1987년의 주가 폭락을 '검은 월요일'이라 한다.

이 사건은 이탈리아 태생의 조각가 아르투로 디 모디카에게 의외의 영감을 불어넣었다. 모디카는 주식을 거래하다 돈을 날린 미국인들에게 "힘과 투지로 싸움을 계속"하라는 메시지를 담은 황소 동상을 선물해야겠다고 결심했다. 한마디로 '존버'하라는 이야기였다. 모디카는 약 2년 후인 1989년 12월 15일, 뉴욕증권거래소 앞에 자신이 만든 황소 동상을 가져다놓았다. 황소로 상징되는 월가와 뉴욕증권거래소는 공교롭게도 맨해튼섬에 위치했다.

사실 황소에는 또 다른 의미가 숨겨져 있다. 기원전 13세기 이집트에서 탈출한 이스라엘인들은 모세가 시나이산에서 40일간 기도하는 동안 의심에 빠졌다. 그래서 모세의 형인 아론의 명에 따라 금귀고리를 모은 뒤 그것을 합쳐 황금 송아지를 만들어 제사를 올렸다. 풍요와 비를 관장한다는 바알을 신으로 모신 건데 바알이 바로 황소의 모습을 하고 있다. 당시 이스라엘인들이 오늘날 맨해튼의 황소 동상을 본다면 시대를 초월한 바알의 힘에 머리를 조아릴 것이다.

♤

미노이트의 맨해튼섬 매입은 돈을 크게 불린 사례기는 하지만 까마득한 옛날이야기처럼 들릴지도 모른다. 그러니 최근의 사례들을 좀더 살펴보자.

1952년, 남아프리카에서 태어난 쿠스 베커는 대학에서 법을 공부했다. 졸업 후에는 광고 회사에 다니다가 1984년에 컬럼비아대학에서 MBA를 취득했다. 이후 남아프리카의 한 방송미디어 회사에 들어갔고 1997년에는 최고경영자 자리에 올랐다.

아프리카 남단의 듣도 보도 못한 회사를 이끌게 된 베커는 2001년 '중국의 실리콘밸리'라고 불리는 선전에 있는 한 회사에 관심을 갖게 되었다. 그는 개인적으로 "중국 요리와 루쉰의 단편소설을 좋아했다". 1998년 11월에 설립된 그 회사는 지난 3년간 계속 돈을 까먹고 있었다. 2001년 베커는 회삿돈으로 이 회사의 주식 46.5퍼센트를 사들였다. 이때 든 돈이 384억 원이었다.

시계를 돌려 2022년 2월로 가보자. 베커가 산 중국 회사의 시가총액은 그사이 702조 원으로 뛰어올랐다. 중간에 일부 내다 팔기는 했지만 여전히 30.86퍼센트의 주식이 남아 있는 상태였다. 즉 남아프리카 방송미디어 회사는 베커 덕분에 약 217조 원에 달하는 주식을 갖게 되었다. 중간에 판 주식과 배당은 차치하더라도 남아 있는 주식의 가치만 따졌을 때 5,642배로 돈을 불린 셈이었다.

그렇다면 베커가 이끈 남아프리카 회사의 이름은 무엇일까? 대부분의 사람에게는 낯설 내스퍼스다. 더욱 중요한 사실은 내스퍼스가 산 중국 회사의 이름이 무엇이냐는 것이다. 바로 텐센트다.

하지만 보통 사람들이 베커와 같은 수익을 올리기에는 현실성이 떨어진다. 몇백억 원어치 주식을 자기 돈으로 매입할 수 있는 사람은 몇 명 되지 않는다. 그러니 다른 사례를 하나 더 살펴보자.

1962년 한 미국인이 오래된 회사 주식에 관심을 가졌다. 사양 산업인 면직물을 생산하는 회사였다. 1930년에 태어난 그는 고등학생 때 신문을 돌리고 골프공을 팔았다. 집이 어려워서가 아니었다. 그의 아버지는 네브래스카의 공화당 소속 연방 하원의원이었을 만큼 집안은 부유했다. 단지 그는 돈을 벌고 불리는 일이 좋았을 뿐이었다. 학부 졸업 후 하버드비즈니스스쿨에 지원했지만 입학을 거절당했다. 결국 컬럼비아대학에서 경제학 석사를 받는 데에 만족해야 했다.

그가 면직물 회사에 관심을 갖게 된 것은 회사의 전망이 좋아서가 아니었다. 외려 "형편없는 비즈니스"라고 생각했다. 그가 관심을 가진 이유는 회사가 가진 자산에 비해 주가가 너무 낮아서였다. 그는 지도를 만드는 회사의 주식을 비슷한 이유 때문에 사서 2년 만에 50퍼센트의 이익을 보고 되팔기도 했다.

그는 컬럼비아대학원에서 이른바 '안전마진'을 배웠다. 안전마진이란 회사를 청산할 때 받을 수 있는 돈이 주가보다 큰 경우 그 차이를 가리켰다. 그에게 이를 가르친 사람은 가치투자의 시조인 벤저민 그레이엄이었다. 그레이엄은 주가는 완전히 제멋대로 움직이니 주식을 거래할 때 유일한 마음의 위안은 충분히 큰 안전마진을 갖는 것이라고 가르쳤다.

금융에 조금이라도 관심이 있는 사람이라면 이미 그가 누구인지를 알아챘을 터다. 전 세계에서 돈 많은 것으로 세 손가락 안에 드는 '오마하의 오라클' 워런 버핏이다. 오마하는 버핏이 태어난 곳이자 지금도 살고 있는 네브래스카의 동네 이름이다. 오라클은 그리스신화에서 신들이 사용하는 영매 혹은 무당이다.

1962년 12월 12일, 버핏은 면직물 회사의 주식을 처음으로 샀다. 매입 가격은 1주당 9,120원이었다. 이때까지만 하더라도 버핏은 장기간 보유를 염두에 두지 않았다. 지도 회사 때처럼 적당한 시간이 지난 후 되팔아 이익을 챙길 요량이었다. 그래서 그는 면직물 회사의 최대주주이자 최고경영자인 시버리 스탠턴에게 자기가 사 모은 주식을 경영권 안정을 위해 사가라고 제안했다.

1964년 스탠턴은 1주당 13,800원에 사겠다고 답했다. 이 정도면 이익이 충분하다고 만족한 버핏은 구두로 합의했다. 몇 주 후 버핏이 예상하지 못한 일이 벌어졌다. 스탠턴이 구두 합의한 금액에서 150원 낮은 1주당 13,650원에 사겠다는 서면을 보내온 것이었다.

원래 받기로 한 돈보다 1퍼센트 적을 뿐이었지만 속았다는 감정이 앞선 버핏은 화가 머리 꼭대기까지 치밀었고, 결국에는 주식을 팔지 않기로 하고 거꾸로 면직물 회사의 주식을 더 사 모았다. 그리고 면직물 회사의 최대주주로 올라서 1965년 5월 스탠턴을 잘라버렸다. 이 면직물 회사가 바로 버크셔 해서웨이였다.

나중에 버핏은 버크셔를 산 것은 자신이 범한 최악의 실수라고 인정했다. 결과적으로 망해가는 산업에 속한 회사를 떠안은 꼴이 되었기 때문이다. 또 금융 관점에서도 버핏의 후속 주식 매집은 손실이 많았다. 스탠턴에게 팔았더라면 1주당 13,650원을 받았을 텐데, 주식을 추가로 사면서 평균 17,830원이 들었기 때문이다. 이는 처음에 주식을 매입했을 때와 비교한다면 2배 가까이 비싼 금액이었다. 버핏은 결국 1985년 버크셔의 면직물 생산을 중단했다.

여기서 이야기를 마치면 버핏에게 미안할 일이다. 이후 버핏은 버크셔를 통해 여러 회사의 주식을 사들였다. 아예 보험회사로 업종을 바꾼 버크셔를 지주회사로 탈바꿈시켰던 것이다. 2022년 2월 28일, 버크셔 A 주식의 종가는 5억 7,145만 원이었다. A 주식은 정상적인 의결권이 있는 보통주를 가리킨다.

버크셔는 버핏이 최대주주가 된 이래로 A 주식을 쪼개거나 합친 적이 없다. 쉽게 말해 1960년대에 버핏이 산 버크셔 1주와 2022년의 버크셔 1주는 같다. 버크셔는 1967년에 120원을 지급한 것이 배당의 전부라서 배당은 무시해도 무방하다. 즉 버핏은 해당 기간 동안 자신의 돈을 32,046배로 불렸다. 버핏이 보유한 248,734주의 버크셔 A 주식은 돈으로 환산하면 142조 원을 넘어선다.

듣기만 해도 후덜덜한 금액이지만 달나라 이야기처럼 비현실적으로 다가온다. 버핏처럼 주식을 고를 안목을 가진다는 것이 쉽지 않기 때문이다. 버크셔의 주가가 30,000배 이상 오른 것은 버핏이 버크셔를 통해 사들인 주식들이 그만큼 올랐기 때문이다. 아무리 생각해봐도 우리가 버핏만큼의 혜안을 가지기란 불가능에 가까운 일 같다.

그렇다고 해서 지레 포기할 필요는 없다. 버핏과 같은 성과를 낼 수 있는 가능성은 여전히 열려 있기 때문이다.

버핏이 버크셔 주식을 처음 사들이던 시점에 누군가가 버크셔 주식을 샀다고 가정해보자. 당시 버크셔는 돈만 있으면 누구나 주식을 살 수 있는 상장회사였다. 그러니 중간에 팔아버리고 싶은 유혹만 이겨냈다면 버핏과 마찬가지로 30,000배 넘게 돈을 불리는 것이 가능했다.

물론 그 유혹은 그리스신화에서 수많은 선원을 홀려 난파시킨 바다의 요정 세이렌의 노래와 다름없었을 것이다. 오디세우스가 자신이 탄 배의 선원들 귀를 밀랍으로 막아 물귀신이 되는 것을 막아냈듯이, 주식을 팔고 싶은 욕구를 이겨내야 마지막에 진정으로 웃을 수 있다.

실제로 1926년에 태어난 데이비드 고츠만은 1962년에 버크셔 주식을 19,000주 매입했다. 당시 돈으로 약 1억 7,000만 원이 들었다. 2021년 3월 기준, 그는 버크셔 A 주식 17,202주를 여전히 갖고 있다. 이를 환산하면 약 9.8조 원이다.

아, 한 가지 사실을 빠뜨릴 뻔했다. 사실 고츠만은 버핏의 친구였다. 버핏의 귀띔이 없었더라도 고츠만이 버크셔 주식을 샀을지는 확실하지 않다. 그렇다고 해서 누군가가 우연히 버크셔 주식을 버핏과 동시에 샀으리란 가능성도 배제할 수는 없다. 우리는 늘 이러한 우연을 꿈꾼다.

♠

앞의 사례들을 조금 다른 관점에서 살펴보자. 미노이트든, 베커든, 버핏이든 가격이 오를 뭔가를 삼으로써 돈을 엄청나게 불렸음은 틀림없는 사실이다.

그런데 어딘가 아쉬움도 남는다. 특히 미노이트의 사례가 그렇다. 아무리 맨해튼섬의 가격이 하늘 높은 줄 모르고 올랐다고 하더라도 그 순간을 위해 400년 가까이 살 재간은 없다. 또 설령 그것이 가능하다고 하더라도 그렇게 오래 기다리고 싶지는 않다.

좀더 구체적으로 살펴보자. 앞의 세 사례는 각각 돈을 36억 배, 5,642배, 32,046배로 불렸다. 이 같은 결과만 보고 일대일로 비교하기에는 무리가 있다. 돈을 불리는 데 소요한 시간이 다를뿐더러 각자가 처했던 사회적, 경제적 환경이 제각각이기 때문이다. 설사 돈을 불리는 데 같은 시간이 걸렸다고 하더라도 19세기의 돈 불리기와 21세기의 돈 불리기에 같은 잣대를 들이대기는 온당치 않다.

방금 이야기한 문제점을 모두 인정한 채로 그나마 공평히 비교할 길은 연 복리의 가격상승률을 비교하는 것이다. 연 복리의 가격 상승률이란 매년 일정한 비율로 가격이 오른다는 가정하에서 구한 가격의 연간 상승률이다. 이걸 구하면 돈이 얼마나 빠른 속도로 불어났는지 알 수 있다.

먼저 미노이트의 사례는 396년간 36억 배로 상승했다. 계산해 보면 연 복리로 5.7퍼센트의 상승률에 해당한다. 베커의 사례는 어떨까? 21년간 5,642배의 상승은 50.9퍼센트의 연 복리 상승률이다. 마지막으로 57년 동안 32,046배로 불린 버핏의 사례는 20퍼센트의 연 복리 상승률이 누적된 결과다.

사실 누가 제일 잘했는가는 중요하지 않다. 그보다는 우리가 어느 정도의 수익률을 목표로 해야 하는가가 중요하다. 버핏이 거둔 연 20퍼센트의 수익률은 결코 '넘을 수 없는 사차원의 벽'이 아니다. 단지 문제는 우리가 이 수익률로는 만족할 수 없다는 데 있다. 우리는 우리의 돈이 이보다 더 빠르게 불어나길 원한다. 방법이 없을까?

고대 그리스의 엔지니어 아르키메데스는 지렛대만 있으면 지구도 들어 올릴 수 있다고 했다. 부를 끌어올리는 데에도 지렛대가 있다. 일명 '레버리지' 혹은 '기어링'이다. 레버리지는 지렛대를 뜻하는 레버에 행동을 의미하는 접미사가 합쳐진 말이고, 기어링은 톱니바퀴를 뜻하는 기어의 동명사다.

그러면 금융의 지렛대 또는 변속기인 레버리지란 얼마나 대단한 것일까? 별것 없다. 쉽게 말해 빚을 지고 돈을 빌리는 것이다. 마진거래, 신용거래, 미수거래 등이 그 예다. 부동산담보대출로 받은 돈으로 주식을 거래하는 경우도 마찬가지다. 방식과 용어가 조금씩 다를 수는 있지만 본질은 같다.

레버리지가 어떻게 작동하는지 예를 들면 내가 가진 돈의 전부가 1억 원이어서 1억 원짜리 거래물 하나를 샀다고 하자. 그리고 그 거래물의 가격이 20퍼센트 올랐다고 치자. 이 경우 내가 불린 돈은 2,000만 원이 전부다.

하지만 내가 원금의 4배에 해당하는 4억 원을 빌려 거래물을 5개 샀다면 어떻게 되었을까? 거래물의 가격이 20퍼센트 올랐으니 내 거래물 5개는 5억 원에서 6억 원이 되었다. 여기서 갚아야 하는 4억 원과 약간의 이자를 빼더라도 2억 원에 가까운 돈이 남는다. 결과적으로 원래 내 돈이었던 1억 원을 제외하면 이번에는 1억 원 가까이 돈을 불린 셈이다. 불린 돈이 빚을 지지 않았을 때와 비교해 거의 5배에 달한다. 이것이 바로 레버리지의 힘이다. 이처럼 레버리지는 황소의 베프다.

여기서 한 가지 중요한 사실을 덧붙이자면 황소가 제대로 돈을 불리기 위해서는 최소한 어느 정도의 자기 돈이 필요하다. 빌린 돈이 아닌 순수한 자기의 돈 말이다. 금융시장에 의미 있게 진입하기 위한 입장료 같은 것이라고 생각해도 좋다.

예를 들어 설명하면 사람들은 보통 수익률 숫자에 목을 맨다. 50퍼센트의 수익률이라면 높다고 생각하기 쉽다. 그런데 가진 돈이 100만 원뿐이라면 고작 50만 원 불어났을 뿐이다. 가진 돈이 10억 원이었다면 5억 원을 불렸다. 둘은 완전히 다른 이야기다.

이런 생각을 분명하게 밝힌 사람이 있다. 버핏의 평생 파트너 찰스 멍거다. 캘리포니아기술원에서 기상학을 공부하고 하버드대 로스쿨을 졸업한 그는 버핏보다 여섯 살이 많다. 버핏의 회사와 별개로 운영된 멍거의 금융회사는 1962년부터 멍거가 버크셔에 전념하기 위해 청산한 1975년까지 연 19.8퍼센트의 복리 상승률로 돈을 불렸다. '담배꽁초 주식'[★]이나 주워 단기간에 푼돈을 챙기던 버핏이 오늘날 오마하의 오라클이 된 데에는 멍거의 역할이 컸다.

멍거는 1990년대의 버크셔 연례 주주총회에서 다음의 말을 남겼다.

"첫 번째 10만 불은 쌍＊이다. 하지만 여러분은 그걸 얻어야 한다."

미국의 물가상승률을 감안하면 1990년대의 10만 불은 오늘날의 20만 불, 즉 2억 4,000만 원에 가깝다. 버크셔 A 주식을 4,458주 가진 멍거의 재산은 2.5조 원이 넘는다.

♤

그러면 레버리지와 황소의 관계를 보여주는 구체적인 사례를 살펴보자.

원자번호 28번인 니켈은 용도가 다양한 금속이다. 1960년대 들어 니켈의 수요가 급증했다. 주된 이유는 베트남전쟁이었다. 철

★ 약간의 이익을 목표로 사들이는, 아무도 거들떠보지 않는 헐값의 주식.

황소와 레버리지

강에 니켈을 넣으면 강도와 경도가 비약적으로 높아지기 때문에 쇠로 된 온갖 총포류와 엔진 등의 무기에 집어넣을 니켈이 많이 필요했던 것이다. 또한 알루미늄과 니켈의 합금은 비행기, 제트엔진, 미사일 등을 만드는 데 필수였다.

원자재인 니켈의 가격은 두 종류였다. 하나는 니켈을 생산하는 광산 회사가 채굴 및 제련 비용을 감안해 미리 판매 계약을 맺어놓은 포워드 가격이었다. 다른 하나는 당장 니켈을 인도받을 수 있는 현물가격이었다. 현물시장에서 거래되는 니켈은 전체 니켈 생산량의 작은 일부분에 지나지 않았다. 그만큼 가격이 널뛰었다.

1969년 내내 포워드 가격이 1톤당 약 387만 원으로 안정적이었던 시절, 1월 초에 700만 원이던 니켈의 현물가격은 11월 초에는 2,700만 원까지 올라버렸다. 니켈의 현물가격이 상승할 것을 예상하고 베팅한 황소가 있었다면 단 10개월 만에 4배 가까이 돈을 불릴 수 있는 기회였다. 그러나 진짜 흥분되는 기회는 니켈 자체가 아니었다. 니켈을 채굴하는 광산 회사가 더 신나는 기회였다.

그중 하나가 오스트레일리아 연합증권거래소에 상장된 포세이돈이었다. 변변한 광산을 가지지 못한 포세이돈은 1960년대에 걸쳐 1주당 30원에 거래되던 일명 '동전주'였다. 1968년 광맥을 찾아내는 탐사자 노먼 셜로가 포세이돈을 인수했다. 포세이돈은 그의 인수금으로 웨스턴오스트레일리아주의 여럿 탐사권을 계약했다. 이 소식이 알려지면서 포세이돈의 주가는 3,450원까지 상승했다.

1969년 4월, 포세이돈이 고용한 탐사자 켄 셜리가 라버튼 북서쪽의 윈다라산에서 유망한 니켈 광맥을 찾아냈다. 그때까지 600원으로 주저앉았던 포세이돈 주가는 1,200원까지 반짝했다가 다시 800원으로 미끄러졌다. 그리고 9월 초까지 주가는 보합 상태였다.

그러다 9월 25일부터 심상치 않은 움직임이 감지되었고, 금요일인 9월 26일에는 1,850원으로 올랐다. 그다음주인 9월 29일 월요일, 포세이돈은 윈다라의 탐사 결과를 간략히 공시했다. 주가는 5,600원으로 화답했다. 10월 1일 포세이돈이 보다 상세한 내용을 공시하자 주가가 12,300원까지 치솟았다. 여기까지 410배의 상승이었지만 다른 니켈 광산 회사의 주가와 비교해 과하지는 않았다.

이후 포세이돈의 주가는 중력을 거부했다. 11월 19일 50,000원을 기록하더니 12월 18일 110,000원으로 뛰어올랐다. 12월 19일 금요일 연례 주주총회에서 별다른 추가 정보가 없었음에도 그다음 주 월요일에는 175,000원에 거래되었다. 급기야 1970년 1월 영국의 원자재 중개업자는 포세이돈의 주가가 300,000원대가 되어도 이상할 것이 없다는 보고서를 내놓았다. 1970년 2월 포세이돈 주가는 280,000원에 도달해 시가총액이 7,000억 원에 이르렀다. 동전주 시절보다 약 9,333배, 윈다라 탐사 결과 공시 직전과 비교했을 때 151배나 주가가 오른 것이었다.

황소와 레버리지

여기까지가 황소가 원하던 세계였다. 한낮 꿈이라도 꾼 것처럼 이후 포세이돈 주가는 급락했다. 1970년 4월 말 70,000원으로 주저앉더니 12월까지 39,000원으로 내려왔다.

포세이돈이 가진 니켈 광산은 윈다라가 유일했는데 본격적인 채굴은 1974년에야 이루어졌다. 채굴량은 1년에 10,000톤이 채 되지 않았고 원광의 니켈 함유량도 1.5퍼센트로 경제성이 떨어졌다. 게다가 그즈음에는 니켈의 현물가격이 이미 정상으로 돌아온 뒤였다. 1973년 초부터 미국이 베트남에서 군대를 철수하면서 니켈 수요가 줄어든 탓이었다. 결국 1976년 시드니증권거래소는 포세이돈을 상장폐지했다. 윈다라 광산은 다른 광산 회사에 팔렸다가 1991년에 폐광되었다.

그렇다면 포세이돈의 주가가 오르는 동안 무슨 일이 벌어졌던 것일까? 당시 오스트레일리아 증권거래소들은 미수거래의 유예기간이 몇 주일이었다. 즉 주식을 산 후 대금을 지불해야 하는 시점이 몇 주 후였다. 포세이돈의 주가가 오르는 상황에서 당장 돈이 없어도 포세이돈 주식을 대량으로 살 수 있었다. 대량 매입은 다시 주가 상승으로 이어졌다. 사겠다는 사람이 더 이상 안 나타날 때까지 그러한 양의 되먹임이 계속되었다. 그러곤 펑 터져버렸다.

다시 셜로가 포세이돈을 인수할 당시로 되돌아가보자. 1968년 그가 인수금으로 납입한 자본금은 다른 데서 빌린 돈이었다. 셜로는 회사 주가가 하늘을 뚫을 듯 치솟을 동안 주식 일부를 팔아서 빚을 갚았다. 즉 레버리지가 없었다면 포세이돈 광란은 시작될 수도 없었다.

포세이돈 사례는 국가와 시기만 다를 뿐 1929년 월가 대폭락과 판박이였다. 1920년대 미국 주식시장의 활황은 빚으로 빚어낸 돈잔치였다. 더 이상 주가가 양의 되먹임을 지탱할 수 없게 된 1929년 10월 마침내 폭락이 시작되었다. 이는 대공황으로 이어졌다. 1932년까지 미국 주가지수는 최고점 대비 89퍼센트 하락했다. 100이었던 주가가 11이 되었다는 뜻이다. 레버리지라는 단어에 원래는 없던 빚의 의미가 생긴 것은 그로부터 1년 뒤인 1933년이었다.

앞에서 미처 하지 못했던 이야기를 하면서 이번 장을 마무리하자. 미노이트가 60길더를 주고 맨해튼섬을 샀다는 일화는 사실 반쪽짜리였다. 아메리카 원주민에게는 땅을 개인이 소유한다거나 돈으로 사고판다는 개념이 없었다. 인디언에게 하늘과 땅과 물은 신에게 속하고 자신은 그저 거기서 나는 것들을 감사히 누리는 존재였다. 서양인들이 선물을 주자 인디언들은 호혜의 뜻으로 맨해튼섬에서 나는 과일을 따거나 짐승을 잡아도 좋다고 했을 뿐이었다.

한 가지 더 있다. 미노이트 관점에서 맨해튼섬은 60길더를 내고 산 땅이었지만 소유권은 불완전했다. 네덜란드 못지않게 식민지 획득에 야욕이 많았던 영국 때문이었다. 1664년 영국군은 뉴암스테르담을 무력으로 점령한 뒤 당시 잉글랜드 왕이자 요크 공작이었던 제임스 2세의 만세를 기리고 싶었다. 그들이 뉴암스테르담에 '새로운 요크', 즉 뉴욕이라는 이름을 붙인 이유였다. 황소의 소유권은 국가가 지켜주지 못하는 한 한낱 휴지 조각이었다.

2장

우리는 값이 내리는 상황에서도 돈을 불린다

곰과 공매도

하늘이 있으면 땅이 있고 낮이 있으면 밤이 있다. 거래 대상의 가격도 그렇다. 오를 때가 있으면 내릴 때도 있다.

가격이 오르기만 하는 거래 대상은 존재하지 않는다. 황소는 가격이 끝없이 오르기만을 기대하지만 그 기대에 반드시 배신을 당한다. 앞서 살펴본 버핏의 스승 그레이엄은 이를 두고 "월가 사람들은 아무것도 배우지 못하고 모든 것을 망각한다"고 일갈했다. 19세기 독일의 철학자 게오르크 헤겔이 한 다음의 말은 좀더 포괄적이다.

"우리가 역사로부터 아무것도 배우지 못한다는 사실을 우리는 역사로부터 배운다."

돈이 전부인 우리들 가운데 적어도 일부는 가격에 대해 다른 생각을 갖고 있다. 가격이 오르기만 하지 않고 내려가기도 한다고 인정하는 것이다. 과거 주가 차트를 조금만 찾아보면 금방 깨달을 일이다.

거기서 멈추면 우리가 아니다. 가격이 내려간다는 사실을 우리는 또 다른 돈 불리기의 기회로 여긴다. 가격이 떨어질수록 돈을 잃는 것이 아니라 오히려 더 크게 돈을 불리는 절호의 찬스로 삼는 것이다.

우리에게는 세상의 모든 것이 돈을 불릴 가능성이다.

1장에서 가격이 오르기를 기대하며 거래 대상을 사는 사람을 황소라고 설명했다. 그렇다면 황소의 반대되는 개념도 있지 않을까? 바로 곰이다. 앞 장에 나왔던 포프의 시에서 ＊로 표시한 부분에 들어가는 말이기도 하다. 그러니까 곰은 가격이 떨어지기를 기대하며 거래 대상을 파는 사람이다.

여러 금융 용어가 황소에서 유래한 것처럼 곰에서 유래한 금융 용어도 있다. 먼저 불마켓은 곰이 황소보다 더 많은 시장을 말한다. 사는 황소보다 파는 곰이 많으므로 가격이 떨어지기 마련이다. 즉 베어마켓은 거래 대상의 가격이 내려가는 현상을 가리킨다. '곰 같다'는 뜻을 갖는 영어 단어 'bearish'도 가격 하락을 기대하는 말로 쓰인다.

가격 하락의 상징으로 곰이 지목된 이유는 무엇일까? 흔히 곰이 일어선 채 앞발로 내리찍는 모습이 주가가 급락하는 차트를 연상하게 하기 때문이라고 한다.

이러한 설명은 나중에 추가된 엉터리 해설에 가깝다. 금융에서 곰이 가격 하락을 의미하기 시작한 것은 1700년대 초반이었다. 시기상 포프의 시가 쓰인 1720년보다 앞선다. 곰이 먼저 사용되고 난 후 곰에 맞설 뭔가를 찾는 과정에서 황소가 등장했다는 말이다. 곰이 가격 하락을 의미하게 된 진짜 이유는 따로 있다.

여기서 잠깐 곰이 어떻게 거래할지를 먼저 따져보자. 황소의 경우는 문제가 간단했다. 황소는 가격이 오르기를 기대하며 거래 대상을 사는 사람이다. 가진 돈이 있으면 그 돈으로 사면 된다. 가진 돈이 없더라도 전혀 문제되지 않는다. 돈을 빌려서 사면 그만이다. 우리가 사는 금융자본주의 세계는 돈을 빌려가라는 곳이 쌔고 쌨다.

그러나 곰은 간단하지 않다. 거래 대상을 팔려면 먼저 그것을 가지고 있어야 한다. 뭔가를 가질 수 있는 흔한 방법은 다음의 두 가지 중 하나다. 직접 만들거나 혹은 사는 경우다. 물론 강제로 빼앗거나 훔칠 수도 있지만 그건 일단 제외한다.

곰과 공매도

자기가 만든 물건을 파는 걸 곰이라고 부르기는 어색하다. 여기서 만든다는 말은 농작물을 기르거나 수산물을 채취하는 행위도 포함한다. 즉 이는 사람이 먹고살기 위한 기본적인 경제행위에 속한다. 여기에 가격이 떨어지기를 기대하는 마음은 있을 수 없다. 생산하는 사람은 가격이 그대로 유지되기를 원하지 하락을 원하지 않는다.

그럼 사서 갖고 있던 물건을 파는 경우는 어떨까? 이 경우는 한정적 의미에서 곰이라고 부를 여지가 있다. 예를 들어 2020년 초에 1주당 50,000원 주고 산 삼성전자 주식이 2021년 1월에 90,000원을 넘겼다가 2022년 3월에 70,000원까지 밀렸다고 치자. 다시 올라가면 좋겠지만 앞으로 더 떨어질까 걱정이 된다. 그래서 70,000원에 팔았다면 가격 하락을 예상해서 한 일이라고 부를 만하다.

모든 매각이 자동으로 곰을 의미하지는 않는다. 가령 사과 도매업자는 과수원 주인에게 사과를 싼값에 사서 소매업자에게 이익을 붙여 되판다. 그에게 사과를 사고파는 행위는 일상의 비즈니스일 뿐이다. 사과 도매업자가 사과를 팔면서 도매가격이 내려가기를 기대할 리는 없다.

그렇다면 곰은 누구를 가리키는 것일까? 이 질문의 답을 얻으려면 잠깐 미루어놓았던, 곰이 가격 하락을 의미하게 된 진짜 이유를 알아야 한다.

영국은 네덜란드로부터 뉴암스테르담을 빼앗은 지 6년 뒤인 1670년에 오늘날 캐나다 허드슨만 일대를 무대로 허드슨스베이컴퍼니를 세웠다. 허드슨스베이는 악명 높은 동인도회사와 마찬가지로 제국주의 영국의 선봉장이었다.

오늘날 우리가 회사로 번역하는 컴퍼니는 14세기에 용병 무리를 지칭하는 말이었다. 전장에서 같이 빵을 먹는 사이라는 뜻을 가진 컴퍼니는 누구든 돈만 내면 자유롭게 고용이 가능하다는 의미에서 자유 용병단*이라고도 불렸다. 즉 자유 용병단은 돈으로 부릴수 있는 무력 청부업자였다. 허드슨스베이컴퍼니도 이런 곳이었다.

허드슨스베이의 핵심 거래품은 네덜란드 서인도회사처럼 아메리카에서 잡은 동물의 생가죽이었다. 허드슨스베이는 한 가지 면에서 서인도회사보다 유리했다. 더 북쪽에 자리 잡은 덕에 비버 날가죽보다 비싼 곰 날가죽을 비교적 쉽게 구할 수 있었다. 곰 날가죽 1장은 비버 날가죽 5장 값과 맞먹었다.

허드슨스베이는 곰을 직접 사냥하기도 했지만 대부분은 원주민이나 식민지 정착민 그리고 생가죽 중개업자에게 샀다. 이 중 특히 골칫거리는 생가죽 중개업자였다. 이들은 곰 가죽이 비싼 가격에 팔렸기 때문에 다량의 곰 가죽을 미리 팔고 싶어 했다. 1장당 200,000원으로 책정한 뒤 미리 돈을 받고 한 달 후에 50장의 곰 가죽을 건네

★ free company.

겠다고 약속하는 식이었다.

하지만 약속은 빈번히 깨졌다. 이유는 단순했다. 중개업자들이 갖고 있지 않은 곰 가죽을 팔았기 때문이었다. 약속한 날짜까지 곰 가죽을 못 구하는 경우가 흔했다. 약속을 지키기 위해 곰 가죽을 사서 주는 중개업자도 있었지만 그런 경우에는 자기가 판 가격보다 더 비싼 값에 사야 했기 때문에 파산하기도 했다. 심지어 돈을 챙긴 뒤 종적이 묘연해지는 일도 종종 벌어졌다.

사회문제로까지 비화되자 1700년대 초부터 "곰을 잡기 전에 곰 가죽을 파는 일은 현명하지 못하다"*는 말이 속담처럼 널리 사용되기 시작했다. 일례로 리처드 스틸은 1709년 자기가 발행하는 잡지 『태틀러』에 "점잖은 사람들은 못 들어봤겠지만 가상의 물건을 진짜인 양 장담하는 사람을 가리켜 '곰을 판다'고 부른다"라고 썼다.

이후 곰은 믿을 수 없는 곰 가죽 중개업자처럼 갖고 있지 않은 물건을 미리 파는 사람을 의미하게 되었다. 양말, 모직물, 포도주 등의 거래가 생업이면서 소설 『로빈슨 크루소』를 쓴 대니얼 디포는 1726년에 발표한 『악마의 정치사』에서 "모든 위선자, 모든 믿지 못할 친구, 모든 은밀한 사기꾼, 모든 곰 가죽 중개업자는 갈라진 발굽을 가졌다"고 선언했다. 악마를 상징하는 동물인 염소에 곰 가죽 중개업자를 비유한 것이었다.

★ Catch your bear before you sell its skin.

금융에 약간이라도 지식이 있는 사람이라면 곰 가죽 중개업자의 거래가 낯설지 않을 터다. 오늘날 우리가 '포워드'라고 부르는 파생거래다. 포워드란 미래의 확정된 시점에 오늘 확정해놓은 수량과 가격으로 물건과 돈을 맞바꾸기로 약속하는 계약이다.

살아남은 것은 포워드뿐만이 아니었다. 오늘날 허드슨스베이는 미국 백화점 삭스와 독일 백화점 갤러리아를 거느리고 있는, 캐나다를 대표하는 백화점이다. 없는 물건을 미리 팔고 현물가격이 끝없이 내려가서 가진 돈이 붙어나기를 고대하는 곰은 어떨까? 살아남은 정도가 아니라 눈덩이처럼 불어났다.

주식시장에도 곰이 있을까? 두말하면 잔소리다. 곰이라고 불린 적은 없었지만 주식시장에서 돈을 불리려 한 곰은 주식시장이 최초로 생겼을 때부터 있었다.

그렇다면 세계 최초의 주식시장은 어디였을까? 주식시장이 성립하려면 먼저 거래할 주식이 있어야 한다. 즉 세계 최초의 상장주식이 있던 곳에 세계 최초의 주식시장이 있었다. 그럼 세계 최초의 상장주식은 무엇이었을까? 바로 네덜란드 동인도회사다. 네덜란드 동인도회사가 생긴 1602년에 그 주식의 거래를 위한 암스테르담증권거래소가 같이 만들어졌다.

암스테르담중권거래소의 외양을 오늘날과 같을 것이라고 상상하면 곤란하다. 처음에는 건물도 없었다. 마치 조선시대의 전통시장처럼 지붕도 없는 길거리에 좌판을 깔아놓은 식이었다. 암스테르담 시내의 특정 장소에 가면 동인도회사 주식을 사거나 파는 사람을 찾을 수 있는 것이 전부였다. 요즘 용어로 하면 장외시장인 셈이었다.

동인도회사 주식 도매상들은 다른 상인들과 함께 의회에 로비를 했다. 운하 위에 지어진 바람 부는 다리 위에서 거래하는 일이 춥고 불편했던 탓이었다. 암스테르담 의회는 건축가 헨드릭 드 카이저에게 시장으로 쓸 건물을 짓게 했다.

1608년 주춧돌을 놓으며 시작된 일명 카이저시장 공사는 1613년에 끝이 났다. 카이저시장에는 1번부터 42번까지 번호가 붙은 기둥이 있었고 번호마다 거래하는 품목이 달랐다. 이를테면 청어는 1번, 목재는 2번, 양모는 3번 기둥 주위에서 거래가 이루어졌다. 동인도회사 주식도 기둥 하나를 부여받았다. 주식 도매상들은 점심과 저녁 때 각각 한 시간 동안만 거래했다.

1558년에 태어난 이삭 르 메어는 무역으로 상당한 규모의 부를 축적한 사람이었다. 그는 러시아의 곡물과 목재를 가져다 스페인에 팔았다. 또한 러시아에서 사들인 가죽과 모피, 캐비아 등을 베네치아로 수출했다. 메어는 환어음 할인과 해상보험 인수로도 돈을 벌었다.

1602년 메어는 네덜란드 동인도회사 기업공개 상장에 청약했다. 8억 4,000만 원가량의 돈을 내놓은 그는 동인도회사의 주식 1.32퍼센트를 갖게 되었다. 그의 지분율은 최초 주주 총 1,143명 가운데 두 번째로 높았고 전체의 57퍼센트에 해당하는 암스테르담 지사로 한정하면 가장 높았다. 이로써 메어는 동인도회사의 총재가 되었다.

한편 1605년 메어는 미심쩍은 일로 동인도회사 이사회와 갈등을 겪었다. 고소를 당한 메어는 7,000만 원을 합의금으로 지불했다. 또한 동인도회사와 사업상 경쟁하지 않는다는 조건을 받아들이며 총재 자리에서 물러났다. 동인도회사의 자기 주식은 그대로 둔 채였다.

1609년 메어는 8명의 동업자와 함께 일명 '위대한 회사'라는 이름의 새로운 회사를 비밀리에 세웠는데 회사 지분의 25퍼센트가 그의 소유였다. 회사는 동인도회사의 주식을 대량으로 팔기 시작했다.

당시 암스테르담증권거래소의 규정상 위대한 회사는 판 동인도회사의 주식을 몇 주 후까지 시장에서 사서 산 사람에게 주면 되었다. 즉 주식을 파는 시점을 기준으로 주식을 가졌는지를 따지지 않았다.

위대한 회사가 판 동인도회사 주식이 혹시 메어가 갖고 있던 주식이 아닐까 생각할 수 있다. 정상적인 시장이라면 가지지 않을 물

곰과 공매도

건을 파는 건 상상조차 어렵다. 없는 물건을 파는 행위는 상식적으로 보건대 사기다. 위대한 회사가 판 주식 수가 메어가 가진 주식 수 이내라면 최소한 판매로 생긴 주식 지급의 의무를 지킬 수 있었다. 위대한 회사가 판 주식 수는 메어 등이 가진 주식 수보다 많았다.

그게 다가 아니었다. 메어는 프랑스의 동인도회사 설립을 도와주겠다며 프랑스 왕 앙리 4세에게 접근했다. 앙리 4세가 메어의 제안을 마다할 이유는 없었다. 기존 경쟁자인 영국 동인도회사에 더해 프랑스까지 동인도회사를 세운다면 네덜란드 동인도회사의 사업 전망은 어두워질 터였다.

메어는 프랑스 동인도회사의 출범 가능성을 숨기지 않고 오히려 소문을 퍼뜨렸다. 이는 네덜란드 동인도회사의 주가 급락으로 이어졌다. 그 후 위대한 회사는 판 가격보다 낮은 가격에 주식을 사서 원거래의 주식 매입자에게 주었다. 메어의 위대한 회사가 돈을 크게 불렸음은 당연했다.

나중에 메어의 영웅적인 동인도회사 주식 매각은 '벌거벗은 공매도'라는 이름을 얻었다.

역사상 유명한 곰에는 누가 있을까? 주식시장으로 한정한다면 다음 두 사람을 빼놓을 수 없다.

먼저 제이컵 리틀은 19세기를 대표하는 곰이다. 1794년, 미국 매사추세츠에서 태어난 리틀은 어려서부터 돈과 금융시장에 남다른 이해도를 보였다. 24세 때 금융업자 제이컵 바커의 수습사원으로 월가 경력을 시작한 뒤 1834년 자신의 주식 중개회사를 차렸다.

리틀의 첫 번째 성과는 곰이 아닌 황소로서 거둔 승리였다. 1834년 12월 리틀은 모리스운하 주식을 사들였다. 그가 1주당 12,000원에 산 모리스운하 주가는 1835년 1월 222,000원으로 뛰어올랐다. 액면대로라면 돈이 18.5배 불어난 것이었다.

물론 그것이 다는 아니었다. 리틀은 어느 수준 이상의 주식거래자라면 누구나 그러하듯 마진거래를 했다. 여기서 마진은 증거금을 의미했다. 즉 실제 거래액의 일부만 증거금으로 내고 나머지 돈은 빌려서 하는 거래였다. 10퍼센트의 증거금으로 거래했다면 10배의 레버리지를 일으킨 것이었다. 이 경우 리틀이 불린 자기 돈은 170배 이상이었다. 1억 원으로 시작했다면 한 달 만에 170억 원 이상의 돈을 갖게 되었다는 뜻이다. 리틀이 같은 해 9월에 산 할렘철도 주식도 수십 배 이상 뛰었다. 이제 리틀은 뉴욕에서 제일 돈 많은 사람 중 한 명으로 간주되었다.

리틀의 진정한 명성은 공매도에서 비롯되었다. 1837년 미국이 금융공황에 빠지자 초반에 리틀은 거의 전 재산을 날렸다. 어떤 면으로는 1837년에 시작된 공황은 1929년의 대공황보다 더 심각했다. 1844년까지 7년간 미국의 은행 절반이 파산했다. 그 와중에 리틀은 자신이 가진 주식 종목을 연속으로 공매도하면서 오히려 금융공황 전보다 돈을 더 불렸다. 이후 리틀에게 "월가의 위대한 곰"이라는 영예로운 호칭이 생겼다. 리틀은 스스로도 "나는 주식을 공매도하는 비즈니스를 한다"며 자랑스러워했다.

리틀의 공매도는 이를테면 노력의 결과였다. 그는 하루에 12시간씩 회사에서 일을 했다. 그것으로도 모자라 퇴근하고서는 6시간씩 외환 투기에 몰두했다. 리틀은 주가와 환율의 예측에 큰 공을 들였다.

리틀이 19세기 주식시장을 대표하는 곰이라면, 제시 리버모어는 20세기 주식시장을 대표하는 곰이다. 사실 리버모어는 20세기가 아니라 모든 시기를 아울러 가장 추앙받는 곰이라고 해도 과장이 아니다.

리버모어는 조기교육으로 다져진 금융 영재였다. 1877년, 리틀과 마찬가지로 미국 매사추세츠에서 태어난 리버모어는 15세 때부터 증권사 페인웨버의 지점에서 주가 시세판을 바꿔 달며 주식시장의 원리를 익혔다. 주가가 오르면 더 오른다고 판단해 사고 주가가 내려가면 더 내려간다고 생각해 파는 원리였다.

2년 만에 모든 것을 마스터한 리버모어는 17세에 페인웨버를 그만두고 전업으로 거래를 시작했다. 그의 어머니는 도박이 직업이 되면 안 된다며 말렸지만, 리버모어는 자기가 하는 건 도박이 아니라 투기라고 반론했다. 24세 때 주식거래의 성지 뉴욕으로 이

사한 그는 1년 뒤인 1901년 첫 번째로 한 건 올렸다. 북태평양철도 주식을 사는 데 가진 돈 1,200만 원을 몽땅 털어놓았다. 이 거래로 그의 돈은 원금의 50배인 6억 원으로 불어났다.

1907년의 공황 때 리버모어는 진가를 발휘했다. 단 하루 만에 주식 공매도로 12억 원을 불렸다. 그의 멘토였던 존 피어폰트 모건은 더 이상의 공매도는 황금알을 낳는 거위의 배를 가르는 격이니 자제하라고 주문했다. 리버모어는 모건의 조언을 따르기로 결심했고, 대신 그전에 마진으로 다량의 주식을 매입해 돈을 더 땄다. 그 결과 리버모어의 순수한 자기 돈은 36억 원으로 불어났다.

뭐니 뭐니 해도 리버모어에게 영원히 사라지지 않을 명성을 가져다준 때는 1929년이었다. 리버모어는 모두가 주식을 사들이기만 하던 1929년 초부터 공매도 포지션을 쌓기 시작했다. 경험상 주가가 떨어질 때라고 판단했기 때문이었다.

리버모어의 공매도는 심리적으로나 금전적으로나 유지하기 쉽지 않았다. 주가는 1929년 내내 계속 올라갔다. 리버모어의 공매도 포지션은 피를 흘렸다. 그해 5월까지 그가 잃은 돈은 72억 원이 넘었다. 예일대학의 스타 경제학 교수 어빙 피셔는 1929년 10월 17일 자 『뉴욕 타임스』에 "주가는 영원히 머무를 고지대에 도달해 있다"는 기사를 실었다. 10월 21일에는 주가가 아직도 저평가 중이고 더 올라감이 마땅하다고 말했다.

그로부터 7일 뒤인 10월 28일 미국 주식시장이 폭락했다. 하루

　　　　　　　　　　　　　　　　　　　곰과 공매도

만에 다우존스지수가 12.82퍼센트 떨어졌다. 검은 월요일의 서막이 올랐다. 다음 날인 10월 29일 다우존스는 다시 11.73퍼센트 더 떨어졌다. 이날은 훗날 검은 화요일이라고 불리게 되었다. 리버모어의 공매도는 그에게 1,200억 원의 돈을 안겨주었다.

언론은 앞다퉈 리버모어에게 "월가의 위대한 곰"이라는 호칭을 붙여주었다. 약 90년 전에 자신들이 똑같은 이름으로 리틀을 불렀다는 사실을 잊을 만큼 기억력이 나빠서였다.

모든 금융시장에는 황소와 곰이 공존한다. 1585년 한 무리의 상인이 환율 시세를 정한 데서 비롯된 독일 프랑크푸르트증권거래소에도 황소와 곰 동상이 서 있다. 최소한 황소만 있는 뉴욕증권거래소보다는 균형이 잡혀 있다. 다만 아래를 내려다보며 우뚝 선 황소와 고개를 숙이고 움츠린 곰의 이미지가 앞에서 말한 것과는 정반대다.

황소와 곰이 둘 다 있지 않으면 시장은 작동하지 않는다. 황소만 있는 시장은 팔 사람이 없기 때문에 거래가 이루어지지 않는다. 마찬가지로 곰만 있는 시장도 살 사람이 없기 때문에 거래가 불가능하다. 거래가 없는 시장은 죽은 시장이다. 물론 시장이 죽은 것이 모두에게 문제가 되는 것은 아니다. 하지만 돈을 불려야 하는 우리에게는 너무나 심각한 문제다.

앞의 리틀과 리버모어의 사례에서 드러나듯 곰이라고 해서 영원히 곰인 것은 아니다. 거의 모든 곰은 황소와 곰 사이를 왔다 갔다 한다. 곰이 곰인 이유는 다른 일반적인 황소와 달리 때로는 곰이 될 때도 있기 때문이다. 16세기에 『우신예찬』을 쓴 데시데리위스 에라스뮈스가 유명하게 만든 표현에 비유하자면, 순수한 황소가 고슴도치라면 곰은 여우다.

황소는 곰이 사라지기를 바란다. 단순히 바라는 데 그치지 않고 기회가 될 때마다 여러 수단을 동원해 곰을 공격한다. 아파트 호가를 싸게 내놓은 이웃을 사회적 혹은 물리적으로 공격하는 것이 한 예다. 주가 상승을 정치적 과업으로 착각하는 국가는 주식 황소의 요구를 곧잘 받아들인다. 런던정치경제대학의 찰스 굿하트가 지적했듯이, 어떤 지표가 목표가 되면 그 지표는 좋은 지표로서의 성질을 잃고 만다. 국가가 굿하트의 법칙을 모른다는 점이 우리로서는 다행이다.

곰이 되고 싶기는 한데 유독 곰에게 불리한 주식시장의 규정이 짜증날 수 있다. 예를 들어, 황소는 가격이 계속 오르는 상황에서 아무 제약 없이 계속 살 수 있다. 그 반면에 곰은 이른바 업틱 룰★ 때문에 직전의 주가가 업틱인, 즉 단 얼마라도 오른 경우에만 공매

★ up-tick rule.

도를 할 수 있다. 업틱 룰이 무시되는 예외도 많아 실제로는 허점 투성이지만 아무튼 귀찮다.

너무 걱정할 필요는 없다. 주식시장보다 더 큰돈이 오가는, 진정한 선수만 입장하는 금융시장이 있기 때문이다. 바로 외환시장이다. 앞에서 리틀이 잠자는 시간을 줄여가며 거래를 했던 바로 그 시장이다.

모두의 귀감이 될 만한 외환시장의 대표 곰은 누굴까? 통칭 국제통화기금 사태 혹은 아시아 외환위기 때 한국을 방문한 적이 있는 조지 소로스다.

1930년 헝가리 부다페스트에서 태어난 소로스는 유년 시절에 제2차 세계대전을 고스란히 겪었다. 전쟁 후 영국으로 건너간 그는 런던정치경제대학에서 철학으로 석사까지 공부했다. 소로스를 거론할 때 빼놓을 수 없는 사람이 『열린사회와 그 적들』을 쓴 칼 포퍼다. 런던정치경제대학 철학 교수였던 포퍼는 진정한 과학 방법론이란 경험으로써 과학을 찾는 것이 아니라 과학이 아닌 것을 반증하는 것이라고 가르쳤다. 소로스는 스승의 가르침을 가슴 깊이 새겼다.

1954년 영국의 투자은행에서 일을 시작한 소로스는 여러 금융회사를 거치며 경력을 쌓았다. 16년 후인 1970년에는 자신의 이름을 딴 소로스펀드매니지먼트를 세웠다. 그러다 1978년에 퀀텀펀드로 이름을 바꾸었다. 퀀텀펀드의 매니저 중 유명한 사람으로 짐 로저스와 스탠리 드러큰밀러 등이 있다.

1992년 소로스가 세계적으로 유명세를 타게 되는 결정적인 사건이 터졌다. 유럽의 국가들은 일명 유럽환율메커니즘*을 따라야 했다. 그럼에도 소로스는 파운드 스털링이 고평가되어 있는 데다가 영국은행의 달러 보유액도 충분하지 않다는 것을 근거로 파운드화 하락에 베팅했다. 소로스는 어마어마한 규모의 파운드 스털링을 팔았다. 그가 핵심적으로 사용한 방법은 앞에서 잠깐 소개한 포워드였다.

소로스가 거래한 외환 포워드는 곰 가죽 중개업자가 거래한 곰 가죽 포워드와 원리가 다르지 않았다. 가령, 소로스는 1조 원에 해당하는 파운드 스털링을 6개월 뒤에 주는 대신 2.8조 원어치의 독일 마르크를 받는 포워드 계약을 은행과 맺었다. 달리 말해 1조 원어치의 파운드 스털링을 독일 마르크를 상대로 2.8의 환율로 미리 팔았다.

소로스 입장에서 포워드의 좋은 점은 당장 돈이 들지 않는다는 것이었다. 즉 포워드를 거래하는 시점에 소로스에게 1조 원어치의 파운드 스털링이 없어도 무방했다. 표면상으로 소로스에게 리스크가 없지는 않았다. 만약 그의 예상과 달리 6개월 뒤에 환율이 오히려 2.8보다 높아지게 되면 그는 막대한 손실을 입을 처지였다.

★ European Exchange Rate Mechanism.

소로스에게는 곰 가죽 중개업자가 가지지 못한 두 가지 무기가 더 있었다. 첫째, 외환 포워드로 파운드 스털링을 팔면 이는 곧 외환 현물시장에서 파운드 스털링을 파는 것과 같은 효과가 났다. 왜냐하면 퀀텀의 거래 상대방인 은행이 자신의 환율 리스크를 없애기 위해 곧바로 현물 파운드 스털링을 팔았기 때문이다. 둘째, 트레이딩 잘하기로 이름난 퀀텀이 이례적인 규모로 파운드 스털링을 판다는 소문이 퍼지면서 다른 금융회사도 따라 팔았다. 결국 파운드 스털링의 현물 환율은 끊임없는 매각으로 내려가지 않을 재간이 없었다.

소로스의 원래 목표는 18조 원어치의 파운드 스털링을 팔아 치우는 것이었다. 하지만 실제로는 거래 상대방을 구하는 데 한계가 있어서 12조 원 정도 파는 데 그쳤다. 영국 정부는 독일 마르크로 바꿀 수 있는 파운드화의 환율이 허용 하한선인 2.7780 밑으로 내려가지 않도록 약 32조 원의 외환보유고를 쏟아부었다. 또한 환율을 높이려고 파운드의 연 이자율을 10퍼센트에서 15퍼센트까지 올리며 저항했지만 소용없었다.

결국 1992년 9월 16일 수요일, 영국 재무장관은 유럽환율메커니즘에서의 탈퇴를 선언했다. 완전한 항복이었다. 이것이 바로 유명한 '검은 수요일'이다. 공식 발표에 따르면 영국 정부가 입은 손실은 약 5조 원, 퀀텀이 불린 돈은 약 1.8조 원이었다. 소로스는 "영국은행을 파산시킨 사람"이라는 영예로운 호칭을 얻었다.

♠

　이번 장에 나온 리틀과 리버모어 그리고 소로스는 금융에도 명예의 전당이 있다면 모두 당연히 이름을 올릴 사람들이다. 게다가 이들은 공통점이 하나 더 있다. 가격 예측에 큰 공을 들였다는 점이다.

　가격을 잘 예측하기 위해서는 무엇이 필요할까? 과거 통계 데이터를 난도질하는 것이 한 가지 방법이다. 이른바 빅데이터 분석이다. 거래비용의 개념을 고안한 시카고대학의 로널드 코스는 "데이터는 충분히 오래 고문하면 무엇이든 자백한다"고 했다. 물론 고문을 오래해서 원하는 결론을 얻으라는 뜻은 아니었다.

　통계분석을 직접 하기 귀찮으면 거래 아이디어를 얻기 위해 학술지를 찾아 읽는 것도 방법이다. 세계 유수의 연구자들은 연구 결과를 얻기 위해 통계분석을 밤낮으로 수행한다. 또한 권위 있는 연구자인 편집위원들이 가치 있는 결과만 걸러내 학술지에 싣는다.

　그렇다면 학술지에 실린 결과는 믿을 만할까? 쥐꼬리만큼의 소금이 아니라 한 자루의 소금을 갖다 부어도 믿기에 부족하다. 왜 그럴까?

　2005년 스탠퍼드 의대의 존 이오아니디스는 「왜 게재된 대부분의 연구 결과는 거짓인가?」라는 제목의 글을 발표했다. 글의 핵심은 학술지에 게재된 연구 결과를 따라 하더라도 동일한 결과를 얻는 경우가 드물다는 것이었다.

학계에서는 통계적 유의미성에 기반해 가치 있는 결과를 분간한다. 가령 p값이 0.05 이하면 귀무가설★을 기각할 만한 흔하지 않은 결과가 나왔다고 간주한다. 좀더 쉽게 설명하자면 p값은 모든 것이 우연이라는 가정하에서 해당 현상이 일어날 확률을 나타낸다. p값이 작다는 것은 그만큼 드문 일이 일어났음을 뜻한다. 학술지에 게재된 연구 결과는 모조리 이러한 기준을 통과한 것들이다. 즉 결과의 옳고 그름이 아니라 통계 관점에서 결과의 특이함이 게재를 결정짓는다.

문제는 그렇게 통과된 결과의 상당수가 단지 우연에 의해 얻은 결과라는 점이다. 예를 들어, 동전을 열 번 던졌을 때 열 번 모두 연속으로 앞면이 나오는 일은 드물다. 이 경우의 p값은 0.001보다도 작다. 이런 p값이라면 저명 학술지에 실리는 데 부족함이 없다. 그렇지만 낮은 p값 자체가 결과가 가치 있다는 보증이 될 수는 없다. 1,000번 정도 시도하면 한 번쯤은 이런 결과가 나온다.

실제로 2011년 대릴 벰은 심리학 분야의 저명 학술지인 『성격 및 사회심리학회지』★★에 논문을 게재했다. 미시간대학 박사인 그

★ 로널드 피셔가 명명한 수리통계학 용어로, 설정한 가설이 진실성 확률이 극히 적어 처음부터 버릴 것이 예상되는 가설.
★★ Journal of Personality and Social Psychology.

는 카네기멜런, 스탠퍼드, 하버드를 거쳐 코넬대학에서 30년간 일하고 2007년에 정년퇴직한 사람이었다. 또한 텔레파시, 투시력, 염력 등을 망라하는 초능력의 신봉자였다.

벰이 수행한 실험을 구체적으로 살펴보자. 커튼 두 개가 보이는 컴퓨터 화면 앞에 피험자를 앉게 한다. 두 커튼 중 하나는 성적인 사진을 가리고 있다는 설명을 덧붙인다. 이어 어느 쪽이 성적인 사진인지 맞히라고 지시한다. 여기까지는 일반적인 투시력 실험의 설정과 다르지 않다.

벰의 실험이 비범했던 부분은 성적인 사진이 결정되는 시간에 있었다. 피험자가 한쪽을 택할 때까지 성적인 사진의 자리는 정해지지 않았다. 피험자가 사진을 고르면 벰은 컴퓨터의 무작위 함수를 사용해 성적인 사진의 배치를 결정했다. 즉 실험의 설정은 동전 두 개를 연속으로 던져 첫 번째 동전이 두 번째 동전과 같은 면이 나오는지를 확인하는 경우와 같았다. 그 확률은 두 동전이 독립적이고 무작위하다면 50퍼센트다.

벰의 피험자들은 어떠한 능력을 보였을까? 그들은 50퍼센트보다 높은 확률로 성적인 사진을 예견했다. p값은 0.05보다 낮았다. 이러한 결과를 설명하는 방법은 여러 가지였다. 하나는 벰의 무작위 함수가 남다른 능력을 가져 피험자의 선택을 알아차린다는 것이었다. 다른 하나는 피험자의 선택이 벰의 무작위 함수에 초능력을 미친다는 설명이었다. 벰은 더 쉬운 길을 택했다. 벰의 결론은

'사람들이 미래를 볼 수 있다'는 것이었다.

적지 않은 수의 심리학자가 뱀의 결론에 고개를 저었다. 일부는 그의 방법 그대로 실험을 재현했다. 어느 누구도 뱀과 같은 결과를 얻지 못했다. 이들은 『성격 및 사회심리학회지』에 자신의 논문을 보냈다. 편집장은 게재를 거부했다. 이미 게재된 논문의 검증과 재현을 다루는 논문을 실을 지면이 없다는 이유였다.

금융에서는 이와 같은 결과가 더 심각할 수 있다. 2016년 노르웨이 국영방송국은 〈경제학 전문가들〉이라는 프로그램을 방영했다. 다섯 팀의 참가자가 방송국으로부터 약 130만 원의 돈을 받아 3개월간 불리는 프로그램이었다. 각 팀은 마음대로 주식을 매입할 수 있었다.

이러한 미션에 참가한 다섯 팀은 다음과 같았다. 첫 번째 팀은 두 명의 주식 중개업자였다. 이들은 "더 많이 알수록 더 잘하기 마련"이라며 우승을 자부했다. 두 번째 팀은 프로그램 진행자였다. 진행자의 금융 경력은 미미했다. 세 번째 팀은 점성술사였다. 점성술사의 명성은 1장에 나온 윌리엄 갠에 못 미쳤다. 네 번째 팀은 두 명의 뷰티 블로거였다. 이들은 주식에 대해 아는 것이 전무했다. 마지막 다섯 번째 팀은 굴로스라는 이름의 암소였다. 굴로스가 제작진이 마련한 땅 위를 거닐다가 마음에 드는 칸 위에 똥을 싸면 대리인이 해당 주식을 샀다.

3개월 후 결과는 어떻게 나왔을까? 별들은 점성술사에게 우주의 이치를 알려주지 않았다. 점성술사는 원금에 손실을 내며 꼴찌를 했다. 주식 중개업자들은 7.28퍼센트라는 나쁘지 않은 수익률을 얻었다. 7.26퍼센트의 수익률을 기록한 굴로스보다는 높았다. 뷰티 블로거들은 10퍼센트가 넘는 수익률을 올렸다. 1등은 프로그램 진행자였다. 그의 수익률은 24퍼센트였다. 그의 비결은 무엇이었을까? 간단했다. 그는 각기 다른 종목을 조합해 20가지의 포트폴리오를 구성했다. 그리고 그중 가장 좋은 결과를 발표했다.

연구 결과를 전적으로 믿으면 안 되는 또 다른 이유가 있다. 세상에는 돈을 받고 의뢰인의 의도대로 객관적이고 신뢰할 만한 결과를 만들어줄 사람들이 얼마든지 있다. 이름하여 지식 청부업자다.

이런 게 쌓이고 쌓인 결과였을까? 역사상 유명한 곰의 말년은 대체로 좋지 않았다. 제이컵 리틀은 1857년의 금융공황 때 전 재산을 잃고 완전히 파산했다. 그는 1865년 72세로 죽었을 때 동전한 닢도 유산으로 남기지 못했다. 그럼에도 제시 리버모어에 비해 리틀은 그나마 나았다. 리버모어는 1934년 보험을 포함해서 자산 2억 원에 빚이 27억 원인 상태로 파산선고를 받았다. 5년 전 주가 대폭락 때 불린 1,200억 원은 온데간데없어진 상태였다. 1940년 64세의 리버모어는 권총으로 자살했다.

이 말을 하지 않고 글을 마무리하면 곰을 공정하게 대하지 않은 셈이 된다. 리틀과 리버모어가 마지막에 파산한 이유는 곰이어서가 아니었다. 마진거래하는 황소로 있다가 그렇게 되었다.

프로는 값이 오르고 내리는 것을 직접 만들어낸다

스퀴즈와 코너링

사람들을 속이는 일은 쉽다. 우리가 벌인 일을 두고 음모론이라고 주장하기만 하면 된다. 많은 사람이 음모론이라고 불리는 사건을 진지하게 따져보기를 꺼린다. 황당한 이야기 몇 개도 음모론이라는 이름하에 우리가 미리 뿌려 두었기 때문이다. 설령 내부 고발자가 나오더라도 문제없다. 확실한 증거가 없지 않느냐며 계속 우기면 된다. 사람들은 세상의 모든 사건이 그저 우연의 연속일 뿐이라는 설명을 쉽게 받아들인다.

2장에서 언급한 지식 청부업자는 두 종류가 있다. 하나는 돈만

주면 무슨 말이든 할 준비가 되어 있는 종류다. 순수한 의미의 자유 창기병이라 할 만하다. 다른 하나는 시키지도 않았는데 스스로 맹신자가 된 종류다. 그렇기 때문에 후자의 경우는 부리는 데 돈이 별로 들지 않는다. 얼마 안 되는 연구비만 쥐여 주면 충분하다. 이들은 자신이 우리의 선택으로 현재의 위치에 있다는 사실도 깨닫지 못한다.

그런 사람들이 만든 것 중에 주가가 무작위하게 변한다는 이론이 있다. 이름하여 '랜덤 워크 가설'이다. 술 취한 사람이 정처 없이 비틀거리며 걷는 모습처럼 미래의 주가 변동도 무작위로 움직인다는 의미로 붙여진 것이다. 랜덤 워크 가설로부터 '과거와 현재의 주가를 바탕으로 미래의 주가를 예측하기란 불가능하다'는 따름정리가 나온다.

이와 같은 이론은 우리의 작업을 흐지부지 덮어버리는 데 도움이 된다. 보통 사람들 눈에 주가가 무작위해보이는 것은 당연하다. 주가를 어떻게 움직일지 우리가 알려주지 않았기 때문이다. 정말로 무작위할 때도 있다. 우리가 작업을 하지 않았을 때다. 결과적으로 주가는 결국 무작위하다고 그들은 결론 내린다. 콘실리에리 빈센조 까사노의 말을 빌리자면 "반은 썩고 반은 먹을 만한 사과"가 그들에게는 멀쩡한 사과다.

무작위한 주가로 돈을 불릴 수는 없다. 불려봐야 푼돈이다. 돈 불리기는 그렇게 하는 것이 아니다. 황소와 곰도 그냥 포지션만 잡는 자는 아마추어다. 프로페셔널은 주가를 원하는 방향으로 몰고 간다. 그것이 우리가 하는 일이다.

♤

2010년 7월 17일, 앤서니 워드는 24만 톤의 카카오를 샀다. 2006년 부터 2010년까지 전 세계 연간 초콜릿 생산량은 340만 톤에서 380만 톤 정도였다. 즉 그가 산 카카오는 전 세계 연간 생산량의 약 7퍼센트에 달하는 양이었다. 카카오 매입에 든 돈은 1조 원 이상이었다.

워드는 이전부터 카카오 시장에서 잘 알려진 사람이었다. 유럽 카카오협회장을 지내기도 한 그는 '초콜릿 손가락' 혹은 이를 짧게 줄인 '촉핑거'라는 별명으로 불렸다. 그가 카카오를 산 까닭이 로알드 달의 『찰리와 초콜릿 공장』에 나오는 윌리 웡카와 같지는 않았다. 워드는 초콜릿을 만들 생각이 전혀 없었다.

워드의 매입이 이례적인 점은 한두 가지가 아니었다. 그는 비밀리에 실물 카카오를 사들였다. 보통은 카카오 기초자산의 파생거래를 하는 것이 일반적이었다. 업계 관계자는 전체 카카오 거래의 98퍼센트가 현물거래가 아니라고 지적했다. 심지어 워드는 사들인 카카오를 여러 도시의 창고에 쌓아 놓았다. 카카오는 너무 오래 두면 썩기는 하지만 수년간은 보관이 가능했다.

워드의 움직임에 압박을 받는 데가 있었다. 네슬레나 캐드배리 같은 초콜릿을 만드는 회사들이었다. 원료인 카카오 없이 초콜릿을 만들 수는 없는 노릇이었다. 구한다 하더라도 가격이 너무 높으면 그 또한 문제였다. 1톤당 380만 원이던 현물 카카오 가격은 워드의 매입 때문에 440만 원으로 올라갔다. 그의 매입 소식이 알려지자 시장은 더욱 들뜨기 시작했다. 결국 2011년 초, 카카오 가격은 500만 원을 넘겼다. 워드는 그즈음 카카오를 되팔아 쏠쏠한 이익을 챙겼다.

이 사례는 얼핏 1장의 반복처럼 보일 수 있다. 가격이 오를 것이라 보고 카카오를 사 돈 불리기에 성공한 황소로 워드를 바라보는 것이다. 하지만 워드는 평범한 황소가 아니었다. 그는 스퀴즈가 일어나길 내심 기대했다.

스퀴즈는 몇 가지 일이 차례로 일어나면서 서로 간에 상승 작용을 일으키는 현상이다. 첫째, 팔 물건이 줄어들면서 시장에 공급이 부족해진다. 둘째, 공급이 부족해지는 바람에 가격이 급격히 오른다. 셋째, 가격이 오르면서 공매도를 했던 곰의 손실이 커진다. 공매도 포지션의 손실이 커지면서 추가로 증거금을 내야 하는 마진콜이 대개 다음 과정으로 넘어가는 기폭제로 작용한다. 넷째, 손실을 견디지 못한 곰이 공매도를 푼다. 공매도를 푸는 유일한 방법은 현물의 매입이다. 이는 다시 팔려고 나와 있는 물건의 수량을 더 줄인다. 첫째의 과정으로 되돌아가는 셈이다. 이러한 양의 되먹임이 발생하면 가격은 하늘 높은 줄 모르고 계속 올라간다.

스퀴즈가 일어나면 현물을 사서 갖고 있던 사람은 돈을 엄청나게 불릴 수 있다. 가격이 조금 오르는 것이 아니라 비정상적으로 많이 오르기 때문이다. 워드의 사례에서도 그가 기대했던 대로 카카오에 스퀴즈가 일어나면서 카카오 가격은 단기간에 급격히 뛰어올랐다.

스퀴즈를 당하는 사람이 언제나 곰은 아니다. 반대의 스퀴즈도 있다. 즉 곰이 아닌 황소에게 일어나는 스퀴즈다.

황소가 어떻게 스퀴즈를 당할 수 있는지 확인해보자. 첫째, 어떠한 이유에서건 가격이 떨어진다. 파는 사람이 사는 사람보다 많아지는 것은 언제나 가격 하락을 불러온다. 둘째, 가격이 떨어지면서 거래물을 샀던 황소의 손실이 커진다. 주로 자기 돈이 아닌 빌린 돈으로 샀다는 것이 핵심이다. 셋째, 커지는 손실을 견디지 못한 황소가 거래물을 되판다. 갖고 있던 거래물을 팔아야만 손실을 멈출수 있다. 넷째, 황소의 매각 때문에 가격은 더 떨어진다. 이는 아직 빠져나오지 못한 다른 황소의 상처에 소금을 뿌리는 격이다. 여기서도 양의 되먹임이 발생해 가격은 바닥을 향해 내동댕이쳐진다.

이처럼 스퀴즈에는 서로 다른 두 종류가 있기에 누가 당하는 스퀴지인지 구별할 필요가 있다. 곰이 당하는 스퀴즈를 '공매도 스퀴즈', 황소가 당하는 스퀴즈를 '차입 매입 스퀴즈'라고 한다.

♤

스퀴즈는 카카오 같은 원자재 시장에서만 일어나는 현상일까? 그렇지 않다. 주식시장에서도 일어난다. 주식 스퀴즈의 대표적인 사례를 하나 살펴보자.

1848년에 태어난 주식 중개업자 에드워드 해리먼은 1879년에 결혼하면서 철도 주식에 관심을 갖게 되었다. 철도회사 사장인 장인이 자기 회사 이사회에 앉힌 덕분이었다. 1881년 해리먼은 파산한 온타리오호철도를 사서 정상화시킨 후 상당한 이익을 남기며 되팔았다. 재미가 들린 그는 1897년 아무도 거들떠보지 않던 유니언태평양철도를 샀다. 밴더빌트 일가, 록펠러 일가, 투자은행 쿤롭 등으로 구성된 해리먼의 신디게이트가 900억 원의 인수 대금을 댔다. 3년 만에 해리먼은 이미 투자금을 다 뽑았다. 그의 다음 목표는 벌링턴철도였다.

벌링턴철도를 노리는 사람은 또 있었다. 북태평양철도를 지배하고 있던 제임스 힐이었다. 벌링턴철도 사장 찰스 퍼킨스는 해리먼과 힐의 제안을 각각 들어본 후 힐의 손을 잡았다. 해리먼이 1주당 180,000원으로 깎으려 든 반면 힐은 퍼킨스가 원한 240,000원을 그대로 받아들인 덕분이었다. 힐의 자금줄은 존 피어폰트 모건이었다.

해리먼은 물러설 생각이 없었다. 벌링턴철도를 막 품에 안은 힐에게는 약점이 하나 있었다. 힐과 모건이 가진 북태평양철도 주식은 23퍼센트에 지나지 않았다. 시총이 1,800억 원인 북태평양철도 주식을 시장에서 사 모을 사람은 없을 것이라 생각한 탓이었다. 힐의 생각은 들어맞지 않았다. 해리먼은 1901년 3월부터 4월까지 444억 원을 들여 북태평양철도 주식을 조용히 사들였다. 앞으로 40,000주만 더 매입하면 힐과 모건의 지분율보다 더 높아질 터였다.

힐은 뭔가 일이 벌어지고 있음을 감지했다. 1893년에 두 번째로 파산한 뒤 내내 기껏해야 24,000원에 거래되던 북태평양철도 주가가 어느새 110,000원까지 올라갔다. 힐은 쿤롭의 제이컵 시프를 닦달해 전모를 들었다. 격노한 힐은 행동에 나서야 했지만 먼저 모건의 승인이 필요했다. 하필이면 모건은 프랑스에서 휴가 중이었다. 힐은 전보를 보내고 초조한 마음으로 기다렸다.

1901년 5월 5일 일요일 저녁, 드디어 모건의 전보가 도착했다. 다음 날인 5월 6일 월요일 아침, 힐은 200,000만 주를 낚아챘다. 해리먼도 질세라 북태평양철도 주식 쟁탈전에 뛰어들었다. 북태평양철도 주가는 130,000원에서 150,000원으로 뛰어올랐다. 북태평양철도 주가 상승에 이유가 없다고 생각한 뉴욕증권거래소의 곰들은 공매도를 했다. 5월 7일 화요일이 되어서도 해리먼과 힐은 계속 북태평양철도를 사들였다. 주가는 180,000원이 되었다. 공매도를 했던 곰들은 마진 콜에 시달리기 시작했다.

5월 8일 수요일이 되었다. 오전까지 정상적으로 보이던 시장에 오후 1시경 이상 반응이 나타났다. 마진 콜에 시달리다 못한 곰들이 증거금을 마련하고자 다른 주식을 팔아 치운 탓이었다. 주가는 속절없이 떨어졌다. 다우존스지수는 75에서 20포인트 빠진 55가 되었다. 신용거래의 대출 이자율은 연 60퍼센트까지 뛰어올랐다.

그러자 모두가 공포에 휩싸여 팔겠다고 소리 질렀다. 뉴욕증권거래소 객장은 아수라장이 되었다. 북태평양철도 주가만 예외였다. 190,000원의 종가로 장을 마감했다. '월가의 외로운 늑대'라는 별명을 가진 버나드 바루크는 이날 밤 왈도르프 호텔에 모여든 사람들의 담배 연기를 두고 "왈도르프가 궁전에서 겁먹고 궁지에 몰린 짐승들의 소굴이 되었다"고 한탄했다.

5월 9일 목요일, 시장에서 구할 수 있는 주식 수가 곰들이 공매도한 물량보다 한참 모자란다는 것이 확실해졌다. 곰들은 이날 오후 2시 15분까지 북태평양철도 주식을 매입자에게 주어야 했다. 전날까지 힐은 경영권을 지키는 데 충분한 주식을 모았지만 힐도 해리먼도 단 1주도 팔거나 빌려줄 생각은 없었다. 이제 곰들의 유일한 희망은 몇 개 안 되는 주식이라도 사는 것이었다.

첫 거래가 전날 종가에서 10,000원 오른 200,000원으로 시작되었다. 다음 거래에서는 360,000원이었다. 이어 600,000원, 960,000원을 거쳐 마침내 120만 원에 거래되었다. 기억을 환기하자면 제시 리버모어의 첫 번째 승리가 바로 이때 북태평양철도 주식을 산 거래였다.

이날의 일은 이후 '1901년 주식 공황'이라는 이름으로 불리게 되었다. 이 사건은 주인공을 제외하고 모두가 죽는 〈존 윅〉에서 죽지는 않고 많이 다치는 〈타워링〉으로 바뀌며 끝이 났다. 무슨 일이 벌어지고 있는지를 잘 알고 있던 해리먼과 힐이 휴전을 했기 때문이었다. 이들은 모든 곰들이 190,000원에 공매도를 해소하도록 허용해주었다.

해리먼과 힐은 북태평양철도에 대해서도 좋은 방법을 찾아냈다. 서로 싸울 것이 아니라 북태평양철도와 벌링턴철도를 포함한 여러 철도 회사를 지배하는 새로운 지주회사 주식을 나눠 갖는 방안이었다. 이렇게 되면 경쟁 없이 해당 지역의 철도를 독점할 수 있었다. 해리먼과 힐의 지주회사 이름은 북부증권회사였다.

분하게도 해리먼과 힐의 독점은 오래가지 못했다. 미국 법무부는 1902년 셔먼 반독점법 위반으로 북부증권을 기소했다. 1904년 미국 연방대법원은 북부증권의 해산을 명령하는 최종 판결을 내렸다.

스퀴즈가 일어나는 데 중요한 역할을 하는 금융거래가 있다. 이 거래가 스퀴즈의 필요조건은 아니다. 1901년 주식 공황 사건에서 봤듯이, 이것이 없더라도 스퀴즈는 일어날 수 있다. 하지만 이것이 있으면 스퀴즈를 훨씬 더 쉽게 일으킬 수 있다. 이 거래의 이름은 바로 퓨처스다.

퓨처스는 파생거래의 한 종류다. 기본적인 성질은 1장과 2장에 나왔던 포워드와 비슷하다. 미래의 특정 시점에 거래물과 돈을 미리 정한 가격으로 맞바꾸는 방식이다. 포워드와 마찬가지로 거래자는 퓨처스로 거래물을 살 수도 있고 팔 수도 있다.

포워드는 돈 불리기에 좋은 도구지만 한 가지 문제가 있다. 포워드의 거래 상대방이 곰 가죽 중개업자처럼 갑자기 사라져버리면 골치 아프다. 특히 상대방이 사라지는 경우의 대부분은 내가 포워드로 돈을 땄을 때다. 맞바꾸기로 약속한 시점에 현물가격이 자기한테 손해다 싶으면 도망치는 것이다.

그래서 포워드는 쉽게 도망칠 수 없는 상대방하고만 하기 마련이다. 쉽게 말해 은행이나 큰 회사가 아니면 하기 어렵다. 아무리 우리가 돈 불리기에 눈이 벌게져 있다 하더라도 길 가다 스친 누군지도 모르는 사람과 포워드를 하는 것은 무모하다. 했다가는 반드시 뒤통수를 맞는다.

돈을 불리고 싶은 사람들에게 거래의 기회가 많지 않다는 것은 큰 문제다. 그래서 그것을 해결하려고 만든 것이 퓨처스다. 퓨처스는 파생거래소가 포워드를 표준화한 형태다. 더욱 중요하게는 포워드를 하기에는 자격이 안 되는 어중이떠중이도 거래할 수 있도록 파생거래소가 증거금을 걷는다. 파생거래소가 증거금을 관리하기에 내 상대방이 누군지 신경 쓰지 않고 거래할 수 있다.

퓨처스의 증거금률은 얼마나 될까? 미국 시카고상업거래소[*]는 높으면 12퍼센트, 낮으면 3퍼센트의 증거금을 요구한다. 이 비율은 다른 거래와 비교해보면 감이 딱 온다. 가령 주식 신용거래의 증거금률은 50퍼센트 수준이다. 예전 제시 리버모어가 거래하던 시절의 5퍼센트보다 높아졌다.

증거금률이 낮을수록 돈을 더 크게 불릴 수 있다. 예를 들어, 증거금률이 3퍼센트라면 33.3배의 레버리지로 거래를 하는 셈이다. 자기 돈만으로 거래해서 돈을 불릴 때보다 33.3배 더 돈을 불릴 수 있다. 이 하나만으로도 퓨처스가 우리에게 얼마나 요긴한 병기인지를 확인할 만하다.

물론 낮은 증거금률은 양날의 검이다. 이를테면 5퍼센트 증거금으로 퓨처스를 샀는데 퓨처스 가격이 떨어지면 내 돈은 20배 빠른 속도로 줄어든다. 파생거래소는 내가 처음에 낸 증거금이 어느 선 밑으로 줄어들면 증거금을 추가로 내라고 요구한다. 이 또한 마진콜이라고 불린다.

만약 돈이 모자라 추가 증거금을 내라는 기한까지 돈을 내지 못하면 어떻게 될까? 이런 경우 파생거래소는 가차 없이 내 퓨처스를 정리해버린다. 만약 내가 퓨처스를 사고 있었다면 그 시점에 자

---

[*] Chicago Mercantile Exchange.

기들 마음대로 내가 퓨처스를 판 것으로 만들어 서로 상쇄해버린다. 이름하여 반대 거래다. 돈 불리기 판에 낄 자격이 없다고 보고 쫓아내버리는 것이다.

♠

퓨처스로 스퀴즈를 일으킨 사례를 하나 들어보자. 1915년, 미국 업스테이트 뉴욕에서 태어난 빈센트 코스가는 본업이 농부였다. 20제곱킬로미터의 밭을 가진 그는 양파와 양배추 등을 길렀으며, 미국 육군과 캠벨 수프 등을 고객으로 두었다.

코스가는 밀 퓨처스에 관심을 가졌다. 밀이 재배하는 작물은 아니었지만 가격의 방향만 잘 맞추면 가진 돈을 순식간에 몇십 배로 불릴 수 있다는 사실이 마음에 들었기 때문이다. 라스베이거스나 애틀랜틱시티의 카지노에서 돈을 따려면 카드를 세고 외울 실력이 필요한 바 퓨처스는 그마저도 필요 없었다.

코스가는 밀 가격을 쉽게 생각했다. 하지만 얼마 안 가 농작물은 거기서 거기일 것이라는 그의 생각은 산산조각이 났다. 집어넣은 돈을 다 날린 코스가는 파산 지경에 몰렸다. 그의 아내 폴리는 쓸데없는 짓 하지 말고 본업에나 집중하라고 닦달했다. 이혼도 불사하겠다는 그녀의 위협을 코스가는 무시할 수 없었다. 헌금을 많이 해 세 명의 교황 알현을 허락받을 정도로 코스가는 독실한 가톨릭

71

신자였다. 어쩔 수 없이 코스가는 다시 농사에 집중했다.

그러나 퓨처스의 맛을 이미 봐버린 코스가는 그때의 흥분을 쉽사리 잊지 못했다. 아드레날린과 도파민이 솟구치며 심장이 쿵쾅거리는 경험은 별세계였다. 그는 얼마 지나지 않아 다시 퓨처스에 손을 댔다. 이번에 손댄 것은 양파 퓨처스였다. 자기가 직접 기르는 작물인 양파는 확실히 밀보다는 아는 것이 있었다.

코스가는 주중에는 시카고에서, 주말에는 뉴욕으로 돌아가는 생활을 시작했다. 양파 퓨처스의 거래는 시카고거래소*가 취급했다. 폴리에게는 양파 농사에서 손실을 보지 않기 위해 양파 퓨처스를 거래한다고 둘러댔다. 양파를 거래한다는 말에 폴리도 더 이상 문제를 삼을 수는 없었다.

미국에서 퓨처스가 처음 생긴 때는 19세기 중반이었다. 1848년에 생긴 시카고거래소는 처음에는 옥수수, 밀, 콩을 포워드로 거래하는 사람들의 모임이었다. 시카고거래소가 1864년에 도입한 옥수수 퓨처스는 모든 거래물을 통틀어 최초의 퓨처스였다. 1898년 시카고버터계란거래소로 시작한 시카고상업거래소는 이른바 후발주자였다.

서로 경쟁 관계였지만 퓨처스의 필요성을 주장할 때만큼은 시카고거래소와 시카고상업거래소가 한 목소리였다. 두 거래소는 농부

★ Chicago Board of Trade.

들이 퓨처스로 가격변동의 위험을 해결한다고 주장했다. 앞에서 이야기한 두 종류의 지식 청부업자들은 이들 파생거래소의 주장에 힘을 실어주었다. 일명 '시카고학파'라고 불리는 이들이었다.

아이러니한 사실은 막상 농부들 가운데 퓨처스를 거래하는 사람은 거의 없다는 점이었다. 농산물 퓨처스를 거래하는 사람은 둘 중 하나였다. 하나는 농산물 가공업자였다. 이들은 자신의 설비를 놀리지 않고 계속 돌리기 위해 때로는 원자재인 농산물을 빌릴 필요가 있었다.

과거에 농산물 저장업자들이 있지도 않은 농산물의 증권을 발행하다가 잡힌 적이 있었다. 그 행위가 사기로 처벌되자 농산물을 빌릴 데도 없어졌다. 이들의 필요로 만들어진 것이 퓨처스였다. 현물 농산물을 사면서 퓨처스를 팔면 경제적 관점에서 농산물을 빌린 것과 같은 효과를 거둘 수 있었다.

퓨처스는 농산물 가공업자만으로 돌아가지 않았다. 농산물 가공업자가 파는 퓨처스를 받아줄 사람이 있어야 했다. 돈을 불리기 위해 파생거래소에 몰려든 이들이었다. 이처럼 농부의 리스크 관리나 보험 목적으로 퓨처스가 생겨났다는 지식 청부업자들의 설명은 또 다른 하나의 커버업이었다.

코스가는 퓨처스 거래자들이 사용하는 기법을 차례로 익혀 나갔고, 때로는 창의적인 면모도 과시했다. 주님의 가르침을 무시하고 자신이 사놓은 양파 퓨처스 값이 뛰게 만들려고 지역의 기상청 직원에게 뇌물을 먹였다. 멀쩡한 날씨임에도 기상청 직원은 서리 주의보를 발령했다. 서리가 내릴 정도로 아침 기온이 0℃보다 낮아지면 양파의 작황에 좋지 않았다. 다음 날 아침 최저기온은 10℃보다 높았다.

1955년 코스가는 샘 시걸과 손을 잡았다. 시걸은 양파를 사서 가공하는 업자였다. 먼저 코스가는 양파 퓨처스를 사들였다. 동시에 시걸은 현물 양파를 사서 자신의 창고에 쌓기 시작했다. 코스가는 퓨처스를 중간에 되팔지 않고 만기까지 기다려 양파를 고스란히 인도받았다. 그해 가을 코스가와 시걸은 1,400만 톤의 양파를 모았다. 이는 거래가 가능한 시카고 지역 양파의 98퍼센트에 달하는 양이었다.

양파를 독점하다시피 한 코스가는 다음 단계를 밟았다. 원래 양파 농부였던 그는 당연히 다른 양파 농부를 많이 알고 있었다. 그는 동료 양파 농부들에게 자기의 양파를 사는 게 좋을 것이라고 넌지시 권했다. 만약 사가지 않으면 한꺼번에 현물시장에 풀 수밖에 없다는 말도 잊지 않았다. 그렇게 되면 양파값이 곤두박질칠 것은 당연했다. 결국 양파 농부들은 울며 겨자 먹는 심정으로 코스가의 양파를 샀다.

그사이 코스가와 시걸은 마지막 단계에 돌입했다. 이번에 둘은 방향을 바꿔 양파 퓨처스를 대량으로 팔았다. 사실 방금 전의 두 번째 단계는 꼭 필요한 것은 아니었다. 양파를 독점하고 양파 퓨처스를 판 다음에 갖고 있는 양파를 한 번에 시장에 푸는 것이 더 쉬웠다. 양파값이 폭락하면서 팔아 놓은 양파 퓨처스에서 돈이 순식간에 불어날 터였다.

두 사람이 그렇게 하지 않은 데에는 이유가 있었다. 양파를 직접 풀었다가는 시장을 왜곡시켰다는 죄로 처벌받을 가능성이 높았다. 1866년 벤저민 허친슨은 먼저 현물 밀을 사 모았다. 또한 미리 사서 갖고 있던 5월 및 6월 만기 밀 퓨처스로 밀을 추가로 확보했다. 그가 확보한 밀의 평균 구입 가격은 1부셸(약 28킬로그램)당 1,056원 수준이었다. 8월 18일 허친슨은 사서 갖고 있던 8월물 밀 퓨처스에 대해서도 현물 밀을 인도하라고 통지했다. 밀 퓨처스를 팔았던 사람들은 대부분의 현물을 허친슨이 장악한 상태여서 밀을 구할 길이 막막했다. 밀값은 2,244원까지 뛰었다. 이후 시카고거래소는 현물을 장악한 뒤 퓨처스에 포지션을 갖는 행위는 불법이라고 선언했다.

코스가는 자기한테 반강제로 양파를 사간 농부들이 가만히 있지 않으리라 예상했다. 손실을 입을지언정 가격이 더 떨어지기 전에 얼른 팔아 치울 것이라고 생각했다. 그의 예상대로 농부들은 시장에 양파를 대량으로 내놓았다. 가격은 폭락했다. 말하자면 손 안 대고 코를 푼 격이었다.

코스가는 농부들이 일으킨 폭락세로만 만족하지 않았다. 농부들에게 미처 팔지 못한 양파를 다른 지역으로 옮겼다가 새로 포장

스퀴즈와 코너링

해서 다시 시카고로 배송했다. 시카고상업거래소의 퓨처스 거래자들에게 양파의 공급이 더욱 늘어나고 있다는 인상을 주려는 것이었다.

1956년 3월 23킬로그램 단위로 거래되던 양파값은 120원까지 떨어졌다. 7개월 전인 1956년 8월에 3,300원이던 가격이 3.6퍼센트로 줄어든 결과였다. 120원이라는 값은 23킬로그램의 양파를 담는 종이봉투값보다도 쌌다. 그 결과 많은 양파 농부가 파산했다. 반대로 코스가와 시걸은 수백억 원 이상으로 돈을 불렸다.

코스가는 자유시장주의자답게 당당했다. 자신을 비난하는 사람들을 향해 "돈을 불리는 게 법에 반한다면 나는 유죄요"라며 굽히지 않았다. 1974년에 미국 대통령이 될, 당시에는 미국연방하원의원이었던 제럴드 포드가 '양파퓨처스법'을 발의했다. 양파퓨처스법은 한마디로 양파 퓨처스를 금지하는 법안이었다.

모두가 이 법을 환영하지는 않았다. 양파 퓨처스를 거래하던 거래자들이 먼저 투덜댔다. 하지만 그들은 다른 걸 거래하면 그만이었기 때문에 금세 입을 다물었다. 가장 큰 반대자는 시카고상업거래소였다. 먼저 생긴 시카고거래소보다 덜 폼 나는 거래물을 취급하던 시카고상업거래소에게 양파 퓨처스는 가장 중요한 파생거래였다. 1955년 양파 퓨처스의 거래 건수는 시카고상업거래소 전체의 20퍼센트였다.

시카고상업거래소 대표 에버렛 해리스는 "쥐 잡겠다고 헛간을 태우는 격"이라며 불만을 터트렸다. 해리스의 강력한 로비에도 불구하고 1958년 8월 당시 미국 대통령 드와이트 아이젠하워는 법안에 서명했다. 시카고상업거래소는 곧바로 양파퓨처스법이 자유로운 거래를 부당하게 제약한다며 연방법원에 제소했다. 시카고상업거래소는 패소했다. 양파의 퓨처스 거래가 금지된 것은 현재까지도 그대로다.

♤

스퀴즈는 당하는 입장에서 벌어진 일을 나타내는 단어다. 해리먼과 힐이 결과적으로 북태평양철도 주식에 스퀴즈를 일으키기는 했지만 공매도자를 궁지에 몰려는 의도에서 한 것은 아니었다. 물론 아예 처음부터 의도를 갖고 스퀴즈를 일으키는 경우도 있다. 그러니 벌이는 입장에서 일어나는 일을 나타낼 단어가 따로 필요하다.

그 단어가 바로 코너링이다. 글자 그대로 거래 상대방을 '구석으로 몰아넣는다'는 뜻이다. 마치 권투에서 상대방을 사각 링의 코너에 몰아넣고 흠씬 두들겨 패는 것과 같다. 코너링은 현물로만 할 수도 있고 퓨처스와 엮어서 할 수도 있다. 2장에 나온 유명한 곰인 제이컵 리틀과 제시 리버모어도 당연히 코너링을 했다.

역사상 가장 유명한 코너링은 무엇일까? 1980년대에 헌트 형제가 벌인 은 코너링이다. 은을 코너링한 헌트 형제에 대해서는 좀

더 설명이 필요하다.

넬슨, 윌리엄, 라마는 해롤드선 헌트가 첫째 부인과의 사이에서 낳은 아들들이었다. 해롤드선은 한때 가장 큰 독립 정유사였던 플래시드오일의 소유주였다. 그는 첫째 부인과 결혼한 상태에서 둘째 부인도 두었다. 노골적인 인종주의자였던 해롤드선에게는 미국 대통령 존 F. 케네디의 암살에 연루되었다는 음모론도 있었다.

헌트 형제는 돈과 힘을 가진 아버지를 둔 덕분에 각각 큰돈을 물려받았다. 1926년에 태어난 넬슨은 리비아의 유전을 발견하고 개발하는 데 한몫했다. 넬슨보다 세 살 어린 윌리엄은 헌트오일, 헌트에너지, 페트로헌트 등의 회사를 가졌다. 넬슨보다 여섯 살 아래인 라마는 미국프로미식축구 아메리칸풋볼리그를 만든 사람으로 그 소속팀 중 하나인 캔자스시티 치프스의 전신 댈러스 텍산스의 창립 구단주기도 했다. 오늘날 캔자스시티 치프스의 사장은 라마의 둘째 아들이다.

세상 부러울 게 없던 삼형제는 1970년대 초반부터 은 시장에 관심을 갖기 시작했다. 1970년대는 두 차례의 석유파동으로 혼란스러운 시기였다. 삼형제는 자신들 부의 기반인 석유값이 널뛰는 것을 겪으면서 마음이 불안해졌을지도 모른다. 그들은 은을 계속 사 모았다.

헌트 형제의 은 모으기는 현물에만 그치지 않았다. 그들은 1933년에 생긴 뉴욕의 원자재거래소*에서도 은 퓨처스를 대량으로 사들였다. 사실 은을 사재기하는 데는 퓨처스가 현물시장보다 훨씬 효율적이었다. 퓨처스에 내재된 레버리지 덕분이었다.

현물과 퓨처스를 동시에 닥치는 대로 사들이는 헌트 형제의 방법은 마치 핵분열반응처럼 은값을 끌어 올렸다. 시중의 은을 매점하는 만큼 현물 은값은 높아졌다. 또한 은 퓨처스를 현금 정산하지 않고 현물 은을 인도받으면서 그나마 남아 있는 현물 은의 씨를 말렸다. 은 퓨처스를 팔았던 사람은 넘겨줄 은을 구하지 못해 그로기 상태에 빠졌다. 헌트 형제는 아랑곳하지 않고 계속해서 사들였다.

1979년 1월 1일 1온스당 약 7,300원이던 은값은 1979년 9월 13,000원으로 올랐다. 그해 연말까지 헌트 형제가 쌓아둔 은은 3,100톤이 넘었다. 이는 미국 정부의 전략 비축분을 제외하고 전 세계 재고의 3분의 1에 해당하는 양이었다.

헌트 형제의 무한 코너링에 제동을 건 곳은 미국 원자재파생거래위원회**였다. 은 퓨처스를 판 사람들은 헌트 형제 때문에 살 수가 없다고 곡소리를 냈다. 물론 헌트 형제의 영도 아래 은 퓨처스를 사서 돈을 불린 사람도 많았다. 헌트 형제는 자신들이 은을 사재기하고 있다는 사실을 숨기기는커녕 오히려 널리 알렸다. 앞으로 은값은 더욱 올라갈 거라는 치어리더 역할도 자청했다.

★　Commodities Exchange.
★★Commodity Futures Trading Commission.

　스퀴즈와 코너링

1980년 1월 7일, 원자재거래소는 '실버규칙 7'을 새로 도입했다. 은 퓨처스의 신용거래를 대폭 제한하는 규칙이었다. 다음 날인 1월 8일, 은값은 전날의 46,000원에서 40,000원으로 조정되었다. 잠시뿐이었다. 다시 올라가기 시작한 은값은 1월 18일 59,000원을 넘겼다. 약 1년 만에 8배 이상 오른 것이었다. 헌트 형제가 가진 은의 가치는 약 6조 원이 되었다. 더군다나 여기에는 아직 만기일이 도래하지 않은 은 퓨처스 3,000톤은 포함되지도 않았다.

이번에는 미국의 연방준비은행이 나섰다. 헌트 형제는 은 퓨처스의 증거금률이 높아지면서 추가로 내야 하는 증거금을 시중은행에서 빌리고 있었다. 연방준비은행은 투기적 행위에 돈 빌려주는 것을 중단하라고 시중은행에게 강력히 권고했다. 그러자 은행들은 형제들에게 빌려준 돈을 회수하기 시작했고 무한한 재산을 가진 듯했던 헌트 형제도 계속되는 마진 콜로 추가 증거금을 내는 데 어려움을 겪었다.

1980년 3월 26일, 『뉴욕 타임스』에 전면광고가 실렸다. 티파니가 낸 광고였다. 헌트 형제를 직접 거론하며 "수조 원 가치의 은을 비축해 은제품을 만들어야 하는 다른 이들이 인위적으로 높은 값을 치르게 만드는 것은 비양심적인 짓"이라고 공개적으로 비난했다. 이것이 최후의 일격이었다.

광고가 나간 다음 날 마침내 헌트 형제는 마진 콜에 응할 돈이 떨어졌다. 전날 23,000원을 넘었던 은값은 이날 19,000원까지 떨어졌다. 이후 1980년 3월 27일 목요일은 "은 목요일"이라는 이름으로 불리게 되었다. 현물 은은 제외하고, 보유 중인 헌트 형제의 은 퓨처스 손실은 약 2조 원으로 추산되었다.

　1985년 원자재파생거래위원회는 넬슨과 윌리엄을 기소했다. 1988년 두 사람은 남은 재산을 지키기 위해 파산을 신청했다. 기소를 겨우 면한 라마도 1989년 민사상의 집단소송 합의금으로 다른 열 명의 피고와 함께 약 700억 원의 돈을 내놓았다. 열 명의 피고 중에는 황소 로고로 유명한 메릴린치도 포함되었다. 같은 해 원자재파생거래위원회는 넬슨과 윌리엄에게 각각 120억 원의 과징금을 부과했다. 남은 평생 동안 원자재 시장에서 거래를 할 수 없다는 조건과 함께였다.

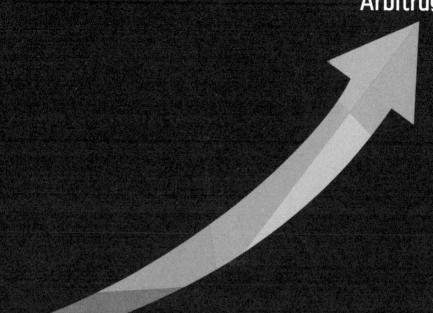

2부

차익거래
Arbitrage

4장

동시에 사고팔면 꿩도 먹고 알도 먹는다

롱숏과 통계적 차익거래

이번 4장과 다음 5장의 두 개 장으로 구성된 2부의 주제는 크게 보면 차익거래다. 차익거래란 같은 거래 대상이 다른 가격에 팔릴 때 싼값에 사서 비싼 값에 팔아 돈을 버는 일이다. 예를 들어, 삼성전자 주식을 80,000원에 사서 100퍼센트의 확실성으로 그 즉시 80,100원에 되팔 수 있다면 이런 것이 진정한 차익거래다. 물론 이런 기회가 아무한테나 열리지는 않는다.

차익거래는 영어 'arbitrage'를 번역한 말로서 재정거래라고도 불린다. 재정거래의 재정은 '다른 의견이 있을 때 옳고 그름을 판단하여 결정한다'는 뜻이다. 아비트라지라는 단어는 재판에 가기 전에 제삼자가 나서서 중재하고 조정하는 행위에서 유래되었다. 싼값에 사서 비싼 값에 팔다 보면 싼값은 올라가고 비싼 값은 내려가서 결국 중간의 한 가격으로 '중재'될 것이라는 의미다.

이번 장의 거래 방식은 지난 3장까지 나왔던 방향성 거래들과 사뭇 다르다. 알다시피 방향성 거래는 단순하다. 먼저 관심 대상 하나의 현재 가격을 확인한다. 그런 후 미래 가격이 바뀔 것이라는 믿음을 갖고 거래를 한다. 오르든 내리든 상관없다. 그저 많이 바뀌는 것이 중요하다. 가격 변화량은 무조건 크면 클수록 좋다.

가격이 전부는 아니다. 시간도 고려해야 한다. 같은 조건이라면 최대한 빨리 바뀌는 편이 최고다. 그렇게만 된다면 그야말로 비단 위에 꽃을 더하는 격이다. 이런 기회를 찾아내는 것은 아무나 할 수 없다. 바로 나만 가진 실력이 있어야 가능하다. 찾는 것이 잘 안 되면 내가 거래한 대상의 가격이 단기간에 크게 바뀌도록 만드는 방법도 있다. 원래 미래는 만드는 것이라고 하지 않던가.

그 반면에 차익거래 방식은 최소한 두 개의 거래 대상이 필요하다. 방향성 거래가 1차원이라면 이번 거래는 2차원 혹은 그 이상의 다차원인 셈이다. 그만큼 복합도가 높아지고 알아야 할 것이 많아진다. 거래 대상 하나 고르는 것만으로도 골치 아픈데 두 개 이상이 필요하다니 수고롭다. 하지만 재산이 불어나는데 그 정도 수고가 대수겠는가.

그러면 먼저 롱숏을 알아보자. 롱*은 거래 대상을 사는 행위이고, 숏**은 거래 대상을 파는 행위다. 좀더 부연하면 롱 포지션은 거래 대상의 가격이 오르면 이익을 보는 상태요, 숏 포지션은 거래 대상의 가격이 내리면 이익을 보는 상태다. 즉 롱 매각이 소유한 거래물을 파는 것이라면 숏 매각은 소유하지 않은 거래물을 파는 것이다. 그렇기에 현물시장에서 숏은 공매도를 의미한다. 롱숏은 말 그대로 롱과 숏을 동시에 하는 것을 가리킨다.

여기까지 한 이야기로 보자면 롱숏은 그 자체로 차익거래 아닌가 하고 생각하기 쉽다. 그렇지는 않다. 같은 거래 대상을 사고파는 것을 두고 롱숏이라고 부르지는 않기 때문이다. 롱숏은 서로 다른 두 개의 거래 대상을 필요로 한다. 즉 엄밀히 말해 롱숏은 차익거래가 아니다. 하지만 무슨 상관이랴. 돈을 벌 가능성이 있다면 엄밀함 따위는 개에게나 줘버릴 일이다. 우리는 이를 여전히 차익거래라고 부른다.

롱숏을 거칠게 설명하는 한 가지 방법은 황소와 곰의 결합이다. 가격이 오를 것으로 예측되는 거래 대상을 사거나 혹은 가격이 내릴 것으로 예측되는 거래 대상을 팔아야 이익을 기대할 수 있음은 당연하다. 롱숏은 개별 거래 대상의 가격 전망에 따라 오를 것 같

★ long.
★★ short.

으면 롱하고 내릴 것 같으면 숏하기를 동시에 수행하는 거래 방식
이다.

♠

　롱숏을 최초로 한 사람은 누굴까? 최초를 가리는 일은 대개 진흙탕
에서 뒹굴게 되기 쉽다. 하지만 롱숏의 경우는 아니다. 1900년 9월
9일 오전 9시, 오스트레일리아 멜버른에서 태어난 앨프리드 윈즐
로 존스가 그 주인공이다. 존스는 평생토록 자신의 생년월일이 특
별하다는 사실을 자랑스레 드러냈다.

　그는 오스트레일리아에서 태어났지만 미국인이다. 그의 아버지
는 2018년 다우존스산업지수에서 빠진 제네럴일렉트릭의 오스
트레일리아 지사장이었다. 그의 가족은 자신들이 오스트레일리아
에서 최초로 자동차를 소유했던 사람들이라고 주장한다. 가족과
함께 미국으로 돌아간 존스는 1923년 하버드대학을 졸업했다.

　1920년대는 미국 주식시장의 활황기였다. 존스는 동시대 아이
비리그 졸업생들과 달리 금융에 관심을 보이지 않았다. 그의 첫 직
업은 전 세계를 항해하는 비정기선의 사무장이었다. 1년 만에 사
무장을 때려치운 존스는 무역회사의 구매 담당과 통계기술자를
거쳤다. 갈지자 행보를 보이던 그의 경력은 1930년 갑자기 급커
브를 그렸다. 미국의 외무공무원 시험에 합격해 12월 부영사로서

베를린에 파견되었다.

외교관으로서 존스의 경력은 길지 않았다. 사임을 강요한 미국 국무부의 뜻에 따라 1932년 5월 존스는 독일 주재 미국대사관을 그만두었다. 그러나 해당 시기 동안 존스는 평생의 관심사를 찾았다. 바로 공산주의였다. 1931년 존스는 부유한 유태인 은행가의 딸인 안나 블록을 만났다. 독일의 레닌주의자그룹에서 활동한, 이른바 살롱 사회주의자인 블록은 세 번째 남편을 찾고 있었다. 존스는 블록의 매력에 푹 빠졌다.

두 사람은 비밀 결혼식을 올렸지만 몇 달 못 가 이혼했다. 미국 국무부가 존스에게 사임을 강요한 이유는 블록과의 비밀 결혼 때문이었다. 그럼에도 존스는 독일공산당이 운영하는 베를린 마르크스주의노동자학교를 다니는 등 1940년대 초까지 레닌주의자 그룹에서 활동했다. 1934년 미국 뉴욕에 있는 컬럼비아대학 사회학과 대학원 과정에 입학한 그는 자본주의의 계급구조를 박사학위 논문 주제로 삼았다.

1936년 메리 엘리자베스 카터와 재혼한 존스는 이듬해 스페인으로 신혼여행을 떠났다. 나치 독일과 파시스트 이탈리아가 지원하는 프란시스코 프랑코의 반군과 내전을 벌이던 스페인의 인민전선 정부군을 취재하기 위해서였다. 스페인에서 존스 부부는 나중에 좌파 활동이 알려져 할리우드 블랙리스트에 오른 작가 도러시 파커와 함께 최전선까지 무전여행을 했다. 그 와중에 4년 뒤에

『누구를 위하여 종은 울리나』를 쓰는 어니스트 헤밍웨이를 만나 스카치위스키를 대접받기도 했다.

한편 존스의 박사학위 논문을 기사로 출간한 인연으로 1941년 경제지『포춘』은 그에게 기자 자리를 제안했다.『포춘』의 제안을 기쁘게 받아들인 존스는 1946년에 그만둘 때까지 연합군 호송선단, 영농조합, 사립 남자고등학교 등에 대한 기사를 썼다. 즉 이때까지만 해도 존스와 금융은 서로 남남이었다.

퇴직 후에도『포춘』과 관계를 이어오던 존스에게 금융시장을 취재할 기회가 생겼다. 1949년 3월에 나온「유행하는 예측 방법들」이라는 기사에서 존스는 예측이 가능한 투기자들의 심리 패턴이 주가를 결정한다고 썼다. 당시 일반적인 견해였던 "경제 변수 같은 가치 요소가 주가를 결정한다"는 일명 기본적 분석을 단박에 일축하는 글이었다. 사회학 박사인 존스는 경제 변수에 변화가 없을 때도 주가가 급격히 변하곤 한다는 것을 근거로 내밀었다. 그에게 주가란 그저 주식시장에 몰려든 투기자들의 탐욕과 공포 그리고 시샘이 한데 뒤섞여 드러난 결과일 뿐이었다.

존스가 1946년에『포춘』을 그만둔 이유는 다름 아닌 돈이었다. 40대 후반의 나이에 아이는 둘인 데다가 부유한 뉴욕 스타일의 생활을 유지하기에 기자 월급은 짰다. 원래 계획은 자기 언론사를 차리는 것이었지만 2년 넘도록 돈을 대겠다는 사람이 나타나지 않았다. 결국 존스는 1949년 1월, 자기 돈 4,800만 원과 친구 4명이 출자한 7,200만 원을 합친 1억 2,000만 원의 돈으로 에이더블유존스앤드코*라는 회사를 세웠다. 주식 기사를 쓰는 것이 아니라 주식을 직접 거래하는 금융사를 만든 것이었다.

존스의 회사는 다른 금융사와 구별되는 몇 가지 특징이 있었다. 그 첫 번째가 바로 롱숏의 구사였다. 존스는 롱과 결합된 숏의 적절한 사용이 전체 포트폴리오의 리스크를 줄인다고 생각했다.

그의 논리를 간단한 숫자로 이해해보자. 롱할 대상을 하늘 높이 오른다는 의미에서 풍선이라고 부르고 숏할 대상을 하염없이 가라앉는다는 의미에서 맥주병이라고 부르자. 추가로 가정하기를 시장 전체에 비해 수익률이 풍선은 5퍼센트 포인트 높고 맥주병은 5퍼센트 포인트 낮다고 하자. 다시 말해 존스가 고른 풍선은 시장 전체보다 더 오르고 존스가 고른 맥주병은 시장 전체보다 덜 오른다. 즉 존스는 풍선과 맥주병을 감별할 이른바 '체리피킹'** 능력이 있다.

두 가지 시나리오를 살펴볼 텐데, 시장 전체가 15퍼센트 오르는 경우와 15퍼센트 내리는 경우다. 이는 전반적인 상승장과 하락장 두 가지를 검토한다는 의미다.

★　A. W. Jones & Co.
★★ 좋은 체리 몇 개만을 따 가는 것처럼, 저평가된 기업의 주식을 골라 사거나 특정 펀드에 우량자산만 골라서 편입하는 행위.

　롱숏과 통계적 차익거래

우선 상승장을 검토하자. 1억 원의 돈이 있다고 할 때, 존스가 모든 돈으로 풍선만 산다면 어떨까? 상승장에서 풍선의 가격은 15퍼센트에 5퍼센트를 더한 20퍼센트가 올랐다. 따라서 이때의 이익은 1억 원의 20퍼센트인 2,000만 원이다.

만약 존스가 1억 원의 돈을 둘로 나눠 6,000만 원으로는 풍선을 사고 4,000만 원으로는 맥주병을 공매도했다면 어떻게 될까? 먼저 풍선에서 6,000만 원의 20퍼센트인 1,200만 원의 이익을 본다. 한편 맥주병의 가격은 15퍼센트에서 5퍼센트를 뺀 10퍼센트가 올랐다. 존스는 맥주병을 사지 않고 공매도했으므로 10퍼센트의 손실을 보며 결과적으로 4,000만 원의 10퍼센트인 400만 원의 손실이 난다. 여기서 둘을 합치면, 1,200만 원에서 400만 원을 빼야 하기 때문에 최종적으로는 800만 원 이익이다. 이대로만 놓고 보면 그냥 풍선을 롱한 경우보다 나빠 보인다.

이번에는 하락장을 살펴보자. 하락장에서 풍선의 가격은 마이너스 15퍼센트에 5퍼센트를 더한 마이너스 10퍼센트만큼 변한다. 즉 가격이 10퍼센트 떨어졌다. 그러므로 1억 원 전체로 풍선을 샀다면 1,000만 원의 손실을 본다.

앞에서처럼 롱숏을 구사했을 때는 결과가 어떨까? 일단 풍선에서 6,000만 원의 마이너스 10퍼센트인 600만 원의 손실을 본다. 한편 하락장에서 맥주병 가격은 마이너스 15퍼센트에 마이너스 5퍼센트인 마이너스 20퍼센트만큼 변한다. 존스는 맥주병을 공매도했기에 20퍼센트의 이익을 얻으며 결과적으로 4,000만 원의 20퍼센트인 800만 원의 이익이 난다. 둘을 합치면 200만 원 이익이다.

이 결과를 정리해보면 이렇다. 롱만 했을 때는 상승장에서는 더 큰 이익이 났지만 하락장에서는 손실을 면하지 못했다. 그 반면에 롱숏을 했을 때는 상승장에서 이익의 크기가 줄기는 했지만 여전히 이익을 본 데다가 하락장에서조차 이익을 냈다. 이처럼 롱과 숏을 결합함으로써 상승장과 하락장을 가리지 않고 모두 이익을 거둘 수 있다는 것이 존스의 통찰이었다. 존스는 자신의 롱숏을 두고 '보수적인 목표를 위해 투기적인 수단'을 사용하는 거라고 일컬었다.

존스는 여기서 그치지 않았다. 상승장과 하락장 모두에서 이익을 본다면 거래 규모를 늘리지 않을 이유가 없었다. 돈을 빌려 더 크게 거래하는 만큼 이익은 증가하기 마련이었다. 존스의 회사가 사용한 두 번째 특징이 바로 레버리지였다.

예를 들어, 3배 레버리지로 롱숏하면 어떻게 될까? 이제 존스의 롱 규모는 6,000만 원의 3배인 1.8억 원이고 숏 규모는 4,000만 원의 3배인 1.2억 원이다. 이 상승장이라면 800만 원의 3배인 2,400만 원의 이익을 거둔다. 하락장에서도 200만 원의 3배인 600만 원의 이익을 얻는다. 특히 이제는 상승장에서도 레버리지 없는 롱보다 이익이 큼에 주목하자.

세 번째 특징은 보수 체계였다. 존스의 회사는 일반적인 자산운용사처럼 운용하는 돈의 일정 비율을 받아 챙기지 않고 불린 돈의

20퍼센트만 받았다. 요즘 용어로 말하면 관리보수 없이 성과보수만 받는 셈이었다. 또한 존스는 돈이 줄어든 해에는 성과보수를 받지 않았다. 그는 자신의 보수 체계를 두고 기원전 페니키아 상인들에게서 영감을 얻었다고 주장했다. 항해에 성공하면 무역선의 선장이 발생한 이익의 20퍼센트를 이른바 캐리로 받았던 것을 따라한다는 이야기였다.

마지막 특징은 비밀주의였다. 존스는 자기 회사와 자신의 거래 방법이 사람들에게 알려지는 것을 극도로 꺼렸다. 미국의 증권법이나 투자회사법의 적용을 피하기 위해서 출자자의 수가 100명 이상이 되지 않도록 애썼다. 법 적용 대상에 오르면 공매도와 레버리지 둘 다에서 제약이 컸기 때문이다. 존스가 성과보수를 택한 데에는 세금 이슈도 있었다. 세금 구멍을 전문으로 하는 변호사 리처드 밸런타인이 귀띔해준 대로 성과보수를 받으면 25퍼센트의 양도소득세를 내는 반면, 관리보수로 받으면 최상위 세율구간의 세율이 91퍼센트인 근로소득세를 내야 했다.

금융시장에 관심이 있는 사람이라면 지금까지의 존스 회사 이야기를 들으면서 생각난 존재가 있을 것이다. 바로 헤지펀드다. 헤지펀드는 롱숏을 주로 구사하며 막대한 레버리지를 사용하고 캐리를 받으며 비밀이 많다. 사실 존스는 자기 회사를 '리스크가 회피된 펀드'라는 의미에서 '헤지드펀드*'라고 불렀다. 하락장에서도 손실이 아닌 이익을 본다는 의미였다.

존스의 회사는 준수한 성과를 거두었다. 설립된 1949년 이래로 1968년까지 20년간의 누적수익률은 약 4,700퍼센트에 달했다. 또 1961년부터 1965년까지 미국에서 가장 성과가 좋은 주식형 공모펀드가 225퍼센트의 수익률을 얻는 동안 존스의 회사는 325퍼센트의 수익률을 달성했다.

이러한 존스의 성공 뒤에는 비밀주의의 역할이 컸다. 존스는 주식 중개업자들이 자신의 방식을 깨닫지 못하도록 거래 주문을 쪼개서 내는 등 주의에 주의를 다했다. 하지만 자기 회사 직원들에게까지 숨길 재간은 없었다. 1964년을 시작으로 직원들이 차례로 퇴사해 각각 회사를 세웠다. 버는 돈의 일부가 아닌 전부를 갖겠다는 합리적인 생각이었다. 존스의 방식으로 운영되는 회사 수는 금세 불어났다. 1968년 초에 40개였던 것이 1969년에는 200개 이상으로 추산되었다.

존스의 따라쟁이가 늘어나는 걸 언론이 놓칠 리는 없었다. 존스의 전 직장이기도 했던 『포춘』은 1966년 존스와 그 회사에 대한 4면짜리 기사를 실었다. 당시 기자는 존스의 헤지드펀드를 헤지펀드로 잘못 소개했다. 오늘날 우리가 헤지펀드라는 말을 쓰게 된 이유다. 1968년 『뉴욕 타임스』는 존스를 '헤지펀드의 거물 시조'로 칭했다.

★ hedged fund.

♤

그렇다면 롱숏의 대상은 어떻게 정할 수 있을까? 크게 보면 두 가지 방법이 사용된다. 특수 관계와 기본적 분석을 결합하는 방법과 계량적 혹은 통계적 관찰에 의존하는 방법이다.

특수 관계란 두 거래 대상 사이에 특별한 관계가 있는 경우다. 이를테면 코카콜라와 펩시는 2021년 매출이 각각 45조 원과 24조 원으로 전 세계 콜라 시장을 양분하는 1, 2위 업체다. 두 회사의 주가는 완전히 똑같이 변하지는 않지만 그렇다고 완전히 다르지도 않다. 공통점이 많기 때문이다.

이러한 두 회사를 두고 기본적 분석, 즉 사업 전망과 경영진 역량 등을 다각도로 검토하는 과정을 거친 후 코카콜라의 현재 주가가 상대적으로 높고 펩시는 낮다고 결론 내렸다면 무엇을 할 수 있을까? 저평가된 펩시를 롱하고 고평가된 코카콜라를 숏하면 된다. 이후 결과는 앞에서 설명한 상승장과 하락장에서 풍선과 맥주병의 롱숏 시나리오에 다르지 않다.

계량적 혹은 통계적 관찰에 의존하는 방법이란 특수 관계를 고민하지 않고 상관계수 등의 통계 변수만 보면서 롱숏할 거래 쌍을 뽑아내 거래하는 경우다. 통계적 롱숏을 누가 최초로 했는지도 100퍼센트 확실하지는 않다. 여러 책은 1982년 모건스탠리의 게리 뱀버거를 최초로 지목하고 있다.

심화된 형태의 계량적 롱숏은 이후 통계적 차익거래라는 이름으로 불리게 되었다. 오늘날 자타가 인정하는 최고의 헤지펀드 르네상스테크놀로지스가 주로 사용하는 거래 방법이 통계적 차익거래다. 캘리포니아버클리대학 수학 박사인 르네상스의 창업자 제임스 사이먼스는 원래 미국 국방부 산하 연구 기관에서 암호해독자로 일하다가 베트남전쟁 반전 활동이 알려지면서 해고되었다. 이후 뉴욕스토니브룩주립대학에서 수학을 가르치다 르네상스를 세웠다.

르네상스의 대표 펀드인 메달리언은 1988년부터 2018년까지 30년간 연 66.1퍼센트의 운용보수 차감 전 수익률을 거두었다. 그동안 불어난 돈이 120조 원 이상이다. 르네상스는 매년 운용자산의 5퍼센트를 운용보수로 떼고 또 발생한 이익의 44퍼센트를 성과보수로 뗀다. 통상의 헤지펀드가 받는 2퍼센트/20퍼센트보다 배 이상 높지만 제발 우리 돈도 불려달라고 애걸하는 곳이 줄서 있다.

앞에서 존스 회사의 직원들이 거래 방법을 익힌 후 자신의 헤지펀드를 차렸듯이 르네상스의 직원들도 똑같이 하고 싶지 않을까? 사이먼스는 존스의 사례로부터 배운 것이 있었다. 르네상스는 회사에서 알게 된 모든 지식을 회사 밖에서 절대로 공개할 수 없다는 조항을 모든 직원의 계약서에 포함시켰다. 이대로라면 르네상스에서 한번 일했으면 직업을 바꾸지 않는 한 다른 금융사에 취직하기란 불가능이나 다름없었다. 이는 해고를 당해도 마찬가지였다.

르네상스의 종신 기밀 계약은 잘 작동했을까? 아직까지는 그런 듯싶다. 예컨대 2004년에 파벨 볼프베인과 알렉산더 벨로폴스키가 르네상스를 그만두고 헤지펀드 밀레니엄매니지먼트로 옮겼다. 사이먼스는 그들이 수백만 줄 이상의 트레이딩 코드를 머릿속에 훔쳐갔다고 격노하며 소송을 제기했다. 결국 밀레니엄은 두 사람을 자르고 240억 원의 합의금을 르네상스에 건넸다.

물론 르네상스도 완전히 깨끗하지는 않았다. 2021년 르네상스는 8.2조 원의 과징금을 내는 것으로 미국 국세청과 합의했다. 이는 미국 국세청 역사상 최고 금액이었다. 사이먼스는 개인으로서도 추가로 8,000억 원을 냈다. 이유는 2005년부터 2015년까지 만기가 긴 일명 바스켓옵션을 사서 1년 미만으로 보유한 자산의 거래 이익에 임의로 낮은 세율을 적용했다는 혐의였다. 이를 도와준 두 곳은, 오호라, 내가 일했던 도이체방크와 바클레이스다.

롱숏의 시조가 존스의 헤지드펀드라면 롱텀으로 가장 유명한 곳은 어디일까? 아마도 헤지펀드 롱텀캐피털매니지먼트일 것이다.

롱텀을 세운 사람은 존 메리웨더다. 노스웨스턴대학 학부에 시카고대학 MBA 과정을 마친 메리웨더는 샐러먼브라더스의 채권

트레이더였다. 샐러먼브라더스는 채권에 집중해 이름을 얻게 된 투자은행이었다. 메리웨더의 오른팔과 왼팔은 각각 하버드비즈니스스쿨의 교수였던 에릭 로젠펠드와 매사추세츠기술원 박사인 래리 힐리브랜드였다. 메리웨더는 고학력자를 좋아하는 것으로 유명했다.

1991년 샐러먼이 미국 재무부가 주관하는 국채 경매에 지속적으로 허위 입찰을 내 시장가격을 조작하려 했다는 사실이 발각되었다. 메리웨더가 이끄는 부문은 단순한 실수였다고 변명했지만 일부 임원들이 가담한 정황과 샐러먼이 회사 차원에서 조작 시도를 은폐하려 했던 사실이 알려지면서 책임자였던 메리웨더가 샐러먼에서 물러났다. 미국 증권거래소위원회는 메리웨더에게 6,000만 원의 벌금을 물렸다.

1993년 메리웨더는 롱텀 설립 준비에 나섰다. 로젠펠드와 힐리브랜드도 1993년 1월 샐러먼을 그만둠으로써 롱텀에 합류할 준비를 마쳤다. 유명인을 긁어모으는 메리웨더의 스타일은 여전했다. 옵션가격결정모형의 창시자로 알려진 교수 마이런 숄스와 로버트 머튼이 새로 합류했다. 미국 중앙은행 연방준비제도의 부의장인 데이비드 멀린도 롱텀의 병풍이 되었다. 멀린은 연준 의장 앨런 그린스펀의 후임자로 꼽히고 있었지만 롱텀을 택했다.

사실 숄스와 머튼의 합류는 고개를 갸우뚱하게 만드는 일이었다. 피셔 블랙과 숄스가 1973년 발표한 일명 블랙-숄스 공식은 이후 파생금융이 폭발적으로 성장하는 시발점이기는 했지만 메리웨더의 채권 거래와는 아무런 상관이 없었다. 숄스와 머튼 그리고 멀린의 존재는 이름값으로 출자금을 모으는 데 도움이 되기는 했다. 메리웨더는 버크셔헤더웨이의 워런 버핏과 찰스 멍거에게도 1993년에 출자 제안을 했다. 두 사람은 거절했다.

1994년 2월, 롱텀은 1.2조 원의 돈으로 공식적인 트레이딩을 시작했다. 롱텀의 운용 성과는 빛나는 별과 같았다. 성과보수를 차감하더라도 연 수익률은 1994년 21퍼센트, 1995년 43퍼센트, 1996년 41퍼센트, 1997년 17퍼센트였다. 특히 1997년의 성과는 한국을 무릎 꿇린 이른바 아시아 외환위기 속에서 거둔 결과였다. 숄스와 머튼은 1997년 스웨덴 중앙은행이 상금을 주는 '알프레드 노벨을 기리는 경제과학상'을 공동으로 받았다.

존스나 사이먼스처럼 메리웨더도 남들이 자신들의 거래 방법을 눈치채지 못하도록 애를 썼다. 롱텀의 주된 거래 방법은 채권 차익거래였다. 채권 차익거래는 롱숏의 대상이 주식이 아닌 채권인 경우였다.

예를 들어, 롱텀이 구사하던 온더런*/오프더런** 차익거래는 미국 국채를 대상으로 했다. 미국 정부는 최장 30년 만기의 국채를

★   on the run.
★★ off the run.

발행하는 바, 갓 발행된 국채, 즉 온더런의 이자율은 약간 이전에 발행된 오프더런의 이자율보다 낮았다. 왜냐하면 일반적으로 금융사는 최신 국채를 사기를 원하고 조금 지난 것은 별로 원하지 않았기 때문이다. 사겠다는 곳이 많을수록 채권 가격이 올라 이자율이 낮아지는 원리였다.

롱텀은 온더런을 공매도하고 오프더런을 사는 롱숏을 구사했다. 이를테면 29년 만기 이자율과 30년 만기 이자율의 차이가 0으로 수렴한다는 예측으로 벌인 거래였다. 온더런과 오프더런의 만기는 거의 차이가 없기에 일반적인 시장 이자율 변화는 롱텀에 아무런 영향을 미치지 않았다. 또 거래 대상이 미국 국채였기 때문에 만기에 도달하면 차익의 확보는 보장되어 있었다. 그야말로 황금알을 낳는 거위를 가진 셈이었다.

롱숏을 이해하는 한 가지 다른 방법은 두 거래 대상 가격의 스프레드 혹은 비율이 평균 회귀한다는 예측에 기반한다는 점이다. 스프레드는 두 가격의 차이를 가리키는 용어다. 평균 회귀는 어떤 값이 평균에서 일시적으로는 멀어지더라도 결국에는 다시 평균으로 되돌아온다는 기대를 말한다.

이를테면 1970년대 이래로 금의 은에 대한 가격 비율은 평균이

            롱숏과 통계적 차익거래

65 정도다. 금과 은의 가격 비율이 평균 회귀한다고 믿는다면 어떻게 거래할 수 있을까? 현재 비율이 65보다 높으면 금을 공매도 하면서 은을 사고, 반대로 65보다 낮으면 금을 사면서 은을 공매도하는 롱숏을 수행하면 된다.

롱숏은 롱이나 숏 하나만 하는 방향성 거래보다 칭찬받을 구석이 있다. 우선 하나만 거래했을 때보다 종목 선택의 리스크가 줄어든다. 현대 포트폴리오 이론이 주장하는 "다각화로써 변동성을 줄이는 원리"에 해당한다. 또 시장리스크도 낮아진다. 롱과 숏이 상호 간에 서로 헤징의 기능을 수행하기 때문이다.

그렇다면 롱숏과 통계적 차익거래는 진짜 차익거래일까? 즉 아무런 리스크가 없을까? 세상에 공짜 점심은 없다. 롱숏이라고 다르지 않다.

첫째 문제는 롱이 오르고 숏이 떨어진다는 예측이 빗나갔을 때다. 일례로 2018년 초에 금은 비율은 80을 넘어섰다. 그때 금을 숏하는 롱숏을 했다면 어떻게 되었을까? 그 후로 금은 비율은 지속 상승해 2020년 초에 125를 넘기며 역대 최고를 기록했다. 이처럼 가격이 예측과 거꾸로 가버리면 손실을 보지 않을 재간이 없다.

더 큰 문제는 바로 레버리지다. 앞서도 설명했듯이 롱숏은 대개 일정 수준 이상의 레버리지를 당연하게 여긴다. 레버리지가 없을 때의 이익이 생각보다 크지 않기 때문이다. 이는 양날의 검으로 작용한다. 잘될 때는 괜찮은 이익을 얻게 해주지만 삐끗하면 한 방에 훅

가게 만든다. 롱숏을 하다가 무덤으로 간 금융사가 한둘이 아니다.

롱텀의 레버리지는 얼마나 되었을까? 채권 차익거래의 레버리지는 30배 이상이었다. 이 말은 1퍼센트의 이익에 그칠 거래를 30퍼센트의 이익으로 둔갑시켰다는 뜻이다. 그게 롱텀의 별과 같은 수익률의 단순한 비결이었다.

메리웨더의 희망과 달리 롱텀의 거래 방식은 결코 비밀이 아니었다. 롱텀이 30배 이상의 레버리지를 얻을 수 있었던 이유는 거래 상대방인 투자은행이 그만큼 직간접적으로 돈을 빌려주었기 때문이다. 롱텀이 뭘 하는지 깨닫지 못할 정도로 투자은행의 트레이더들이 바보는 아니었다.

롱텀의 성과와 유명세는 카피캣 헤지펀드가 바이러스처럼 번식하게 했다. 경쟁자가 늘어나면서 롱텀의 롱숏 수익률은 나빠졌다. 1997년이 그런 예였다. 이후 롱텀은 레버리지를 더 높이고 예전에는 하지 않았던 거래 대상까지 손을 댔다. 아무런 경험과 엣지가 없는 주식 롱숏도 마다하지 않았다.

1998년 5월부터 7월까지 롱텀은 매달 각각 6.4퍼센트, 10.1퍼센트, 10퍼센트의 손실을 봤다. 이어 1998년 8월 러시아가 자국 국채의 이자와 원금 상환을 거부하자 겁을 집어먹은 전 세계 금융사가 온더런 미국 국채로 몰려들었다. 이는 롱텀이 어마어마하게 숏해놓은 거래 대상의 가격이 떨어지기는커녕 오히려 급격히 오르게 만들었다. 30배 이상의 레버리지는 단숨에 롱텀의 숨통을 끊어놓았다. 1998년 1월에 5.6조 원이 넘던 롱텀의 자기자본은 9월에 4,000억 원대로 쪼그라들었다.

롱텀의 파산은 단지 일개 헤지펀드의 몰락이 아니었다. 롱텀은 자기자본의 250배가 넘는 원금 규모를 가진 장외파생거래로 투자은행들과 엮여 있었다. 롱텀의 파산이 투자은행의 연쇄도산으로 이어질 가능성을 걱정한 미국 뉴욕연방준비은행은 투자은행들의 팔을 비틀어 롱텀을 긴급구제한 후 정리했다. 롱텀의 최종적인 손실은 5.5조 원이었다. 한마디로 간 크게 동전을 뺑튀기해 줍다가 불도저에 깔려 죽은 꼴이었다.

롱텀이 파산한 후 메리웨더는 어떻게 되었을까? 1999년 메리웨더는 자기의 이름을 딴 헤지펀드 제이더블유엠파트너스를 새로 만들었다. 3,000억 원으로 시작한 제이더블유엠의 운용자산은 추가 출자 등으로 2007년 3.6조 원으로 불어났다. 하지만 2007년 9월에 시작한 금융위기로 2009년 2월까지 제이더블유엠은 44퍼센트의 손실률을 기록했다. 결국 제이더블유엠은 2009년 7월 청산되었다.

이것으로 메리웨더의 경력은 끝이 났을까? 2010년 메리웨더는 헤지펀드 제이엠어드바이저스매니지먼트를 또 다시 세웠다. 제이엠은 2011년 3월까지 346억 원의 출자금을 모으는 데 그쳤다.

왜 헤지펀드는 자주 문을 닫는 것일까? 손실이 나면 출자자들이 돈을 빼가기 때문에 어쩔 수 없이 청산된다고 생각하기 쉽다. 그런

면도 있지만 다른 면도 있다. 후자가 사실 더 큰 이유다.

헤지펀드와 관련된 용어로 일명 하이워터 마크, 즉 최고 수위선이 있다. 최고 수위선이란 이전에 헤지펀드가 기록했던 1계좌당 가격의 최고가를 말한다. 헤지펀드가 성과보수를 받아가려면 매년 이전의 최고 수위선을 넘겨야 한다. 손실이 나서 이전의 최고 수위선 아래로 내려가 있으면 최고 수위선을 회복할 때까지는 성과보수를 아예 받지 못한다.

기존 출자자 관점이라면 헤지펀드 매니저는 어떻게 해서든 최고 수위선을 회복할 때까지 죽자 살자 거래해야 한다. 하지만 헤지펀드 매니저 관점에서는 경제적으로 더 합리적인 길이 있다. 발생한 손실을 메우려고 애쓰기보다는 그냥 펀드를 청산해버리고 새로 시작하는 것이다. 그럼으로써 미래의 이익에 대한 성과보수를 챙길 수 있다. 출자자의 현재 손실은 내 것이 아니고 나의 미래 성과보수는 내 것이기 때문이다.

5장

양방향 호가 시장을 만들면 땅 짚고 헤엄치기다

마켓 메이킹과 시세 조종

4장에 나온 롱숏과 통계적 차익거래는 파티에 가서 잘난 척 떠들어대기는 좋지만 리스크가 있다. 두 거래 대상의 가격 관계가 예상대로 되지 않을 때다. 가격 관계가 흐트러지고 나면 모든 것이 소용없다.

사실 돈 불리기는 그렇게 어려운 것이 아니다. 쉬운 마법의 공식이 있다. 바로 "싸게 사서 비싸게 파는 것"이다. 이걸 계속하면 돈은 얼마든지 불어난다.

그렇다면 이 두 가지를 하나로 합치는 방법이 없을까? 당연히 있다. 관계가 있는 두 거래물을 찾으려고 애쓸 것이 아니라 '같은 거래물'을 싸게 사서 비싸게 팔면 된다. 여기서 핵심은 이것을 최대한 자주 해야 한다는 점이다. 어쩌다 한 번 하는 것으로는 간에 기별도 가지 않는다.

어떻게 하면 같은 거래물을 싸게 사서 비싸게 팔 수 있을까? 나아가 무엇을 하면 이것을 더 많이 할 수 있을까? 간단하다. 없던 시장을 만들면 된다. 그런데 일반적인 시장이 아닌, 특별한 시장을 만들어야 한다.

양방향 호가 시장, 줄여서 양방향 시장의 세계에 온 걸 환영한다.

시장은 거래가 일어나는 곳이다. 달리 말하면 파는 사람과 사는 사람의 모임이다. 보통의 시장이라면 파는 사람과 사는 사람이 구별된다. 사과를 예로 들면 우리는 사과를 사러 시장에 가지, 사과를 사면서 동시에 팔려고 시장에 가지는 않는다. 과수원 업자도 마찬가지다. 도매시장에 사과를 팔러 가지, 팔면서 또 사려고 가지 않는다.

물론 사과를 사서 파는 사람도 있다. 소매 과일가게다. 하지만 차이가 있다. 소매상은 도매시장에서 사과를 사들여 자신의 소매 상점에서 판다. 둘 사이에는 시간적, 물리적 거리가 존재한다.

마켓 메이킹과 시세 조종

양방향 시장은 사과 소매업이 아니다. 양방향 시장은 같은 시간, 같은 자리에서 대체가 가능한 같은 물건을 팔면서 산다. 내가 양방향 거래를 동시에 한다는 것이 중요하다. 다시 말해 내가 양방향 시장 그 자체다.

양방향 시장에서 거래되는 품목은 사실 필수품이 아니다. 돈 불리기의 대상일 뿐이다. 이 품목이 없어진다 하더라도 사람들이 살아가는 데 큰 지장은 없다. 그렇기 때문에 사람들로 하여금 필요하다고 믿게 만드는 것이 중요하다.

그렇다면 어떻게 양방향 시장을 만들 수 있을까? 사람들에게 내가 양방향으로 거래한다는 사실을 알려야 한다. 가장 효과적인 방법은 내가 사는 가격과 파는 가격을 동시에 게시해놓는 것이다. 예컨대 삼성전자 주식을 거래한다고 하면 70,000원:70,200원이라고 써놓는다. 앞은 내가 사는 가격, 뒤는 내가 파는 가격이다. 즉 구매가:판매가다.

나에게 삼성전자 주식을 사려는 사람은 판매가인 70,200원에 살 수 있다. 반대로 내게 팔려는 사람은 구매가인 70,000원에 팔 수 있다. 눈치챘겠지만 나의 구매가는 판매가보다 언제나 낮다. 그래야 내가 돈을 불릴 수 있다. 만약 내가 삼성전자 주식을 각각 1주씩 사고팔았다면 나에게는 200원이 남는다. 이처럼 판매가와 구매가의 차이가 이익의 원천이다. 이 차이를 가리켜 비드-오퍼 스프레드*라고 부른다.

이와 같은 방식으로 거래하는 사람을 가리키는 말이 있다. '마켓 메이커'다. 글자 그대로 시장을 만드는 사람이다. 양방향 가격을 내걸고 하는 마켓 메이커의 거래를 가리켜 마켓 메이킹이라고 한다.

마켓 메이커가 거래하는 대상은 성질이나 품질에 차이가 없는 대체 가능 물품이다. 이러한 물품을 거래하고 싶은 사람은 마켓 메이커가 내건 가격만 보고 거래 여부를 결정하면 된다. 가격을 물어보고 흥정하는 데 힘을 많이 쓰지 않아도 되니 편하다. 그만큼 거래할 생각이 없던 사람들이 거래를 하게 된다. 그리고 한번 하기 시작하면 자꾸 하게 된다. 말하자면 거래의 흥분에 중독되게 만드는 것이다.

역사적인 사례를 들어보자. 2장에서 언급한 네덜란드 동인도회사 주식과 관련 있는 사례다. 네덜란드 사람인 크리스토펠 라푼과 얀 라푼은 친형제로, 1626년 이들은 공동으로 네덜란드 동인도회사 주주 명부에 이름을 올렸다.

당시 동인도회사 주식은 3,000주 단위로 거래되는 경우가 많았다. 처음 청약받을 때 이사의 자격을 유지하는 요건으로 3,000주를 명시한 탓이었다. 그보다 적게 거래하는 게 불가한 것은 아니었지만 거래 상대방을 찾기가 쉽지 않았다.

★ Bid-Offer Spread.

라푼 형제는 동인도회사 주식을 거래하는 카이저시장의 기둥 옆을 번갈아가며 지켰다. 시장에 나오면 언제든지 자신들을 만날 수 있다는 인상을 심어주기 위해서였다. 이들은 3,000주보다 적은 물량도 기꺼이 거래했다. 가격도 꽤 투명했다. 가령 3,000주를 팔 수 있는 시세가 20,000원이라면 라푼 형제는 거기서 1퍼센트를 뺀 19,800원에 구매했다.

실제 기록을 보자. 1602년 기업공개 상장 때 300주를 샀던 토마스 스프렌크하위센은 1635년 3월 주가가 23,600원가량이라는 사실을 알게 되었다. 처음의 액면가 9,800원은 물론이고 2년 전의 17,000원보다도 오른 가격이었다. 라푼 형제는 스프렌크하위센의 300주를 주당 23,300원에 샀다. 스프렌크하위센은 팔았다는 것만으로도 충분히 기뻤다. 라푼 형제는 이런 식으로 산 주식이 3,000주가 넘으면 3,000주씩 묶어서 다시 되팔았다. 오늘날 라푼 형제는 세계 최초의 주식 마켓 메이커로 기억되고 있다.

소액 거래가 가능해지자 거의 모든 네덜란드 사람이 거래에 중독되었다. 라푼 형제가 활발히 마켓 메이킹을 했던 1633년부터 1641년까지 동인도회사의 주가는 끊임없이 올랐다. 1633년 3월 18,000원이던 주가는 1641년 3월 46,000원으로 약 2.6배가 되었다.

늘어난 돈은 그것으로 끝이 아니었다. 주식이 돈 불리는 수단이 될 수 있다면 다른 것도 되지 말란 법이 없었다. 그중 하나가 튤립이었다. 16세기 후반부터 오스만튀르크에서 수입해온 튤립은 부와 지위를 과시하는 수단에서 돈 불리기의 수단으로 탈바꿈했다.

1636년 11월의 튤립 가격이 1이었다면 1637년 2월의 튤립 가격은 20이 되었다. 튤립 한 송이에 500,000원 넘게 거래되기도 했다. 당시 장인급 목수나 개신교 목사의 10년치 연 수입보다 높은 가격이었다. 이름하여 튤립 마니아였다. 마니아는 로마신화에 나오는 죽은 자와 광기의 여신이었다. 즉 글자 그대로 '튤립 환장'이었다.

튤립 환장은 1637년 2월이 정점이었다. 그로부터 3개월 후인 5월에 튤립 가격은 1636년 11월의 가격으로 다시 되돌아갔다. 물론 되돌아가지 못한 것이 하나 있었다. 3개월 만에 돈이 20배로 불어나거나 혹은 20분의 1로 줄어들 수 있다면 모든 일은 시간 낭비였다. 네덜란드인들은 점점 외항선과 사략선 타기를 꺼려했다. 17세기 중반부터 네덜란드는 쇠락의 길을 걸었다.

양방향 마켓 메이커만 되면 모든 것이 만사형통일까? 그렇지는 않다. 마켓 메이커에게도 리스크는 있다.

먼저 마켓 메이커가 되려면 일정 수준 이상의 돈이 있어야 한다. 거래물의 재고를 확보해놓아야 그것을 조금씩 팔 여지가 생긴다.

마켓 메이킹과 시세 조종

당연한 이야기지만 재고를 확보하는 데는 적지 않은 돈이 들어간다. 사실 이 이야기는 리스크라기보다는 진입장벽에 가깝다. 마켓 메이커의 리스크는 그렇게 쌓인 재고의 값이 급변할 때다.

앞서 이야기한 라푼 형제의 입장에서 살펴보자. 이를테면 3,000주 단위로 거래할 때 큰손들의 1주당 구매가:판매가가 19,900원: 20,100원이다. 라푼 형제는 300주씩을 그보다 약 1퍼센트 싼 19,700원에 사 모았다. 그렇게 열 번을 사서 모은 3,000주를 큰손에게 19,900원에 팔면 1주당 200원씩 돈이 불어난다. 그런데 3,000주를 모으는 사이 주가가 18,900원:19,100원으로 바뀌어 있다면 기가 찰 노릇이다. 팔자니 손실이 확정이고 안 팔자니 주가가 더 내려갈까 봐 밤잠이 안 온다.

그렇다고 낙심할 필요는 없다. 마켓 메이커로서 돈을 불릴 수 있는 다양한 다른 방법이 있기 때문이다. 사실은 이 방법이 진짜 돈이 된다. 방법도 너무 다양해서 다 설명하기에는 지면상 제약이 크니 여기서는 대표적인 방법 두 가지만 이야기하도록 하자.

첫 번째는 일명 '프런트 러닝'*이다. 글자 그대로 풀면 '앞으로 달리기'다. 선매매 거래라고 번역하는 경우도 있지만, 프런트 러닝은 쉽게 말하면 거래 새치기다.

예를 들어 고객이 동인도회사 주식 30,000주를 사겠다고 주문

★ Front Running.

을 냈다고 치자. 30,000주가 다 거래되고 나면 주가는 반드시 올라간다. 그러므로 마켓 메이커인 나는 고객의 주문을 처리하기 전에 내 것을 먼저 산다. 그런 후 고객의 주문을 처리하면 나는 편안하게 돈을 불릴 수 있다.

'불법 아니야?' 하고 생각하는 독자가 있을 것 같다. 불법이긴 하다. 하지만 거의 모두 다 한다. 잘 잡히지 않기 때문이다. 잡혀도 '정상적인 마켓 메이킹'이라고 박박 우기면 때로는 그냥 넘어가기도 한다.

프런트 러닝의 실제 사례를 살펴보자. 2010년 4월, 스위스 투자은행 크레디트스위스는 외환 현물을 거래할 수 있는 프로그램을 고객에게 배포했다. 외환시장에 미치는 영향을 최소화할 거래 전략을 통해 최선의 가격을 달성하게 해준다는 프로그램이었다.

그것이 전부는 아니었다. 크레디트스위스 외환 전자거래팀은 고객의 주문을 보고 프런트 런할 자동화된 방법을 찾으려고 고심했다. 특히 그들이 주목한 고객 주문은 이른바 지정가 주문과 역지정가 주문이었다. 지정가 주문은 현재 시세보다 더 유리한 환율에 거래하려는 방법이고 역지정가 주문은 손실이 어느 선 이상으로 커지는 것을 막으려는 방법이다.

쉽게 말하면 미 달러·원 현물 환율이 1,200원일 때, 미국 달러를 1,210원에 팔고 싶다면 1,210원에 1,000만 불을 파는 지정가 주문을 낼 수 있다. 지정가 주문을 받은 은행은 환율이 1,210원에

　　　　　　　　　　　　　　　마켓 메이킹과 시세 조종

도달하면 외환 현물시장에서 고객 대신에 거래를 하고 결과를 넘긴다.

한편 환율이 조금 낮아지는 것은 견디겠지만 가령 1,150원 밑으로 떨어지는 것은 견딜 수 없는 고객이 있을 수 있다. 이런 경우 고객은 1,150원에 1,000만 불을 파는 역지정가 주문을 낸다. 지정가 주문 때와 마찬가지로 은행은 환율을 계속 살펴보다가 1,150원까지 떨어지면 곧바로 고객을 대신해 거래를 일으킨다.

그냥 시세로 거래하는 시장가 주문에 비해 지정가 주문과 역지정가 주문은 대개 금액이 크기 마련이다. 그만큼 외국 돈의 가격, 즉 환율에 미치는 영향이 크다. 크레디트스위스 외환 전자거래팀은 체계적으로 고객의 주문을 살펴보고 프런트 런하는 알고리즘을 프로그램에 몰래 끼워 넣었다. 2012년 2월, 팀의 헤드는 팀원들에게 "주문 프런트 러닝을 개선하는 것이 우선 사항"이라며 이메일을 보냈다.

마켓 메이커가 쓸 수 있는 또 다른 방법은 2장에 나왔던 '벌거벗은 공매도'다. 벌거벗은 공매도란 갖고 있지 않은 거래물을 파는 경우다. 어떻게 가능할까 싶겠지만 증권거래소가 운영되는 방식을 보면 알 수 있다. 명목상 '주식을 먼저 빌린 후에 판다'고 말은 하나 마켓 메이커는 예외다. 여전히 적지 않은 수의 증권거래소에서 주식 마켓 메이커의 벌거벗은 공매도는 불법이 아니다.

예를 들어보자. 2010년 4월, 미국의 투자은행 골드만삭스는 5억

4,000만 원에 미국 증권거래소위원회와 합의했다. 골드만삭스가 86건의 공매도에 대응하는 주식 지급을 하지 못했고 또 그러한 실패를 막을 적절한 통제책을 도입하지 않았다는 혐의였다. 공매도를 한 후 주식을 전달하지 못했다는 것은 벌거벗은 공매도가 일어났다는 빼도 박도 못하는 증거다.

이 사건은 행간을 잘 읽어야 한다. 첫째, 미국 증권거래소위원회가 문제 삼은 86건의 공매도는 2008년 12월 초부터 2009년 1월 중반 사이에 일어났다. 한 달 조금 넘는 기간에 86건이라면 1년 혹은 그 이상이라면 수천 건도 넘을 터다. 하필 그 기간만 그랬는지 아니면 너무 많기 때문에 그 기간만 조사한 건지 외부인은 알 길이 없다.

둘째, 금액의 크기다. 투자은행에게 5억 4,000만 원은 잔돈 대열에도 못 낀다. 골드만삭스가 이 금액을 냈다고 해서 경제적으로 큰 타격을 입지는 않는다.

셋째, 합의의 대상이다. 골드만삭스는 벌거벗은 공매도를 해서 합의한 것이 아니었다. 공매도한 주식을 지급하지 않아서 합의했다. 달리 말해 마켓 메이커인 골드만삭스는 벌거벗은 공매도를 하더라도 주식만 전달하면 아무 문제가 없었다. 혹시 전달하지 못하더라도 잔돈으로 사후에 해결이 가능한 일이었다.

프런트 런한 크레디트스위스도 잡히기는 했다. 크레디트스위스는 2010년 3월부터 2013년 6월까지 프런트 런한 혐의로 뉴욕주 금융당국과 1,620억 원에 합의했다. 5억 4,000만 원보다 많기는 하지만 그 기간에 불린 돈에 비하면 남는 장사였다.

♠

오늘날 금융거래는 컴퓨터를 통해 이루어진다. 예전에도 컴퓨터를 쓰기는 했지만 거래 과정에서 사람이 직접 개입하는 부분이 많았다. 요즈음에는 주문 자체도 컴퓨터 프로그램이 담당하는 경우가 많다. 사람의 역할은 프로그램을 짜고 주기적으로 거래 결과를 검토하는 데 그친다.

이는 곧 마켓 메이커에게 새로운 기회를 뜻한다. 예전이라면 생각하지도 못했을 방식으로 돈을 불릴 시발점이 되는 셈이다. 요즈음 마켓 메이커의 거래 방식은 이른바 고빈도 거래다. 고빈도 거래는 1초에 수천 번 이상 거래할 정도로 빠른 거래가 특징이다. 데이터를 분석해 거래 주문을 하나 내는 데 100만분의 64초 정도 걸리니 1초에 10,000번 이상의 거래도 가능하다. 이러한 속도에 사람이 직접 대응할 방법은 없다.

고빈도 거래는 신생 금융사가 시장을 주도하는 마켓 메이커가 되게 만든 원인이다. 고빈도 거래 마켓 메이커는 이미 시장 전체 거래량의 반 이상을 차지하고 있다. 가령 미국 주식시장의 주요 고빈도 거래 마켓 메이커로 버투파이낸셜, 타워리서치캐피털, 겟코

등이 있다. 보통 사람이라면 잘 들어보지 못했을 이름이다.

그렇다면 고빈도 거래 마켓 메이커는 돈을 어떻게 불릴까? 이들은 통상의 마켓 메이커가 누리지 못하는 수익원을 갖고 있다. 바로 '메이커·테이커 수수료' 체계다. 여기서 메이커란 고빈도 거래 마켓 메이커를 가리킨다. 구매가와 판매가를 걸어놓고 누구를 상대로 하든 그 가격에 거래를 하는 쪽이다. 테이커는 마켓 메이커가 만든 시장에서 거래를 하는 쪽이다. 메이커의 시장가격을 받아들이는 입장이라는 의미다. 테이커는 자산운용사나 연기금 혹은 자기자본 거래를 하는 헤지펀드 등을 가리킨다.

메이커는 양방향 호가를 제시하는 반대급부로 거래소로부터 뒷돈을 받는다. 이 뒷돈이 메이커의 주요 수입원이다. 메이커는 뒷돈을 받는 대신 명목상 비드-오퍼 스프레드가 전통적인 마켓 메이커보다 더 작다. 메이커는 이를 자신들이 제공하는 낮은 거래비용과 높은 유동성의 증거라고 이야기한다.

겉으로 보기에는 그럴듯하지만 실제는 다르다. 메이커가 내건 호가는 유령과도 같다. 메이커의 지정가 주문에 테이커는 볼 수 없는 조건이 붙어 있어서 막상 거래를 하려고 하면 순식간에 사라지기 때문이다. 또 메이커의 주문은 대개 적은 수량이다. 시장의 유동성 공급에 목적이 있지 않고 테이커의 주문을 감지하는 것이 목표다.

고빈도 거래 마켓 메이커가 돈을 불리는 방법은 거래소의 뒷

　　　　　　　　　　　　　　　　마켓 메이킹과 시세 조종

돈 말고도 또 있다. 바로 시세 조종이다. 마켓 메이킹을 빙자해 은밀하게 가격을 올리거나 내림으로써 돈을 불리는 방법이다. 보통 '작전'이라는 단어도 많이 쓴다. 작전의 개별 기법은 다양하기만 하다.

그중 하나인 '스푸핑'*을 알아보자. 스푸프는 원래 풍자하거나 웃기려고 베껴 만든 창작물을 가리키는 말이다. 톰 크루즈 주연의 〈탑건〉을 패러디한 찰리 쉰의 영화 〈못 말리는 비행사〉가 대표적인 스푸프다. 정보기술 분야에서 스푸핑은 시스템을 의도적으로 속이려는 기법을 총칭하는 말로 쓰인다.

금융의 스푸핑은 정말로 거래할 생각도 없으면서 다수의 주문을 내는 경우다. 그럼으로써 가격을 원하는 방향으로 움직이게 만든다. 스푸핑에 사용된 허수주문은 막상 거래를 하려고 하면 다 취소되어 없어진다.

실제로 타워리서치는 2012년 3월부터 2013년 12월까지 스푸핑을 했다. 스푸핑의 거래 대상은 소액으로 거래할 수 있는 주가지수 퓨처스였다. 타워리서치를 세운 마크 고튼은 원래 크레디트스위스의 채권 트레이더였다. 예일대와 스탠퍼드대에서 전기공학으로 학부와 석사를 마친 그는 마틴 마리에타에서 무기를 개발하다 하버드대 MBA를 거쳐 금융계에 입문했다. 타워리서치는 미국 법

★ spoofing.

무부와 174억 원, 미국 원자재파생거래위원회와 810억 원, 도합 984억 원에 합의했다.

고빈도 거래 마켓 메이커의 돈 불리기가 스푸핑에 국한되지는 않는다. 2004년 7월, 나이트캐피털은 미국증권거래소위원회와 948억 원에 합의했다. 프런트 런을 한다는 혐의의 결과였다. 나이트캐피털의 프런트 런은 자기가 내건 호가를 지키지 않는다는 불평이 쌓인 탓에 밝혀졌다. 호가를 준수하지 않는 것은 마켓 메이커로서 있을 수 없는 행위였다.

스푸핑은 신생 고빈도 거래 마켓 메이커에만 국한되지 않는다. 2020년 9월 제이피모건은 총 1조 1,000억여 원을 내는 것으로 미국 법무부와 합의했다. 그중 약 5,000억 원은 형사상 벌금이었다. 3장에서 북태평양철도 주식의 스퀴즈를 일으킨 제임스 힐의 후원자 존 피어폰트 모건이 자신의 이름을 걸고 만든 투자은행이 제이피모건이었다. 제이피모건은 2008년 3월부터 2016년 8월까지 귀금속 파생거래와 미국 국채를 스푸핑했다는 혐의를 받았다.

고빈도 거래 마켓 메이킹은 그 자체로 위험성을 내포하고 있다. 거래가 너무 빨리 일어나기 때문이다. 앞서 언급한 나이트캐피털 사례가 대표적이다. 2012년 나이트의 시장점유율은 뉴욕증권거래소의 17.3퍼센트, 나스닥의 16.9퍼센트였다. 즉 나이트는 당시 미국 주식시장의 가장 큰 마켓 메이커였다.

나이트는 다른 고빈도 거래 마켓 메이커처럼 여러 대의 서버를 가졌다. 거래 프로그램에 포함된 알고리즘을 바꾸었을 때 어떤 결과가 나올지 시뮬레이션하는 용도였다. 나이트도 다른 마켓 메이커처럼 실제 거래와 더불어 이러한 시뮬레이션 거래를 끊임없이 수행했다.

2012년 8월 1일, 나이트의 프로그래머가 실제 주문을 내는 여덟 대 서버 중 한 대의 프로그램을 깜빡하고 업데이트하지 않았다. 그 결과 시뮬레이션에서나 쓰던 함수가 갑자기 실제로 거래 주문을 내기 시작했다.

나이트의 주문은 뉴욕증권거래소에 상장된 154종의 주식 가격에 비정상적인 영향을 주었다. 4,200원에 거래되던 위저드소프트웨어 주가는 17,000원 이상으로 올라갔다. 문제가 있음을 깨달은 나이트는 45분 만에 해당 서버를 정지시켰다. 그사이 해당 서버는 40,000건의 거래 주문을 내서 397만 주의 주식을 실제로 거래해 버렸다. 1초당 평균 15건의 거래를 한 셈이었다.

45분간의 거래로 발생한 나이트의 손실은 5,500억 원이 넘었다. 뉴욕증권거래소에 상장된 회사였던 나이트의 주가는 이틀 만에 75퍼센트가 떨어졌다. 사고가 터지기 전 1.2조 원의 시총을 가졌던 나이트는 9,000억 원을 날리고 3,000억 원짜리 회사가 되었다. 그리고 그해 12월, 결국 경쟁사였던 겟코에 인수되었다.

♤

지금까지 이야기한 것 말고도 마켓 메이커가 돈 불리는 방법이 더 있을까? 바로 버킷숍을 차리면 된다. 버킷숍을 글자 그대로 번역하면 '양동이 가게'다. 원래 이 말은 1820년대 영국에서 생겼다. 19세기 전반기 영국은 동시대를 살았던 찰스 디킨스의 소설 속 묘사처럼 빈부의 격차가 극심했다. 빈민가의 어린아이들이 십수 시간의 가혹한 노동에 내몰리던 시절이었다. 뚜렷한 거처가 없는 고아도 많았다.

당시 길거리의 아이들 중 일부는 선술집에서 내다 버린 맥주통을 폐허가 된 가게로 들고 갔다. 통에 조금 남아 있는 맥주를 양동이에 섞어 담아 어른들 몰래 마시기 위해서였다. 이러한 행위를 버킷팅이라고 했다. 그리고 아이들이 맥주를 마시는 버려진 가게를 버킷숍이라고 불렀다. 이게 본래 의미의 버킷숍이다.

미국의 버킷숍은 1870년대에 생겼는데 길거리의 아이들이 맥주를 마시듯 양동이에 담긴 술을 마시는 곳이었다. 다시 말해 값싸고 후진 선술집이었다. 미국의 버킷숍에는 술 말고도 오락거리가 한 가지 더 있었다. 그곳에 가면 주식이나 원자재를 거래할 수 있었다. 버킷숍 주인은 곧 마켓 메이커였다.

버킷숍은 뉴욕증권거래소나 시카고거래소의 마켓 메이커와 직접적인 경쟁 관계였다. 철도회사 주가가 오를지 떨어질지를 두고

마켓 메이킹과 시세 조종

뉴욕증권거래소에서 주식 중개업자를 통해 거래하는 것이나 가까운 동네의 버킷숍에서 거래를 하나 결과는 대략 비슷했다.

차이점도 있었다. 주식 중개업자를 통해서 하면 상당한 수수료를 내야 했다. 또 증거금률이 5퍼센트나 되어서 레버리지가 20배밖에 되지 않았다. 결정적으로 주식 중개업자는 어느 정도 규모가 되는 돈이 있어야만 거래를 할 수 있었다. 푼돈은 무시하고 잘 받아주지 않았다. 미수거래를 했을 때의 마진 콜도 부담이었다.

마켓 메이커로서 버킷숍은 이 같은 문제를 송두리째 해결해주는 존재였다. 먼저 버킷숍은 거래에 대한 수수료를 받지 않거나 혹은 받는다고 하더라도 주식 중개업자보다 낮은 비율로 받았다. 증거금률도 1퍼센트까지 낮출 수 있어 더 큰 레버리지를 일으킬 수 있었다. 버킷숍은 소액으로도 거래가 가능했다. 심지어 마진 콜도 하지 않았다. 가진 돈이 많지 않은 사람들은 마진 콜이 없는 것을 반겼다.

2장에 나왔던 제시 리버모어가 처음 거래를 하며 돈을 불렸던 곳도 다름 아닌 버킷숍이었다. 실제로 리버모어는 16세 때 버킷숍에서 6,000원의 돈으로 벌링턴철도 주식을 롱해 9,700원으로 불렸다. 17세 때는 버킷숍에서 매주 약 240,000원씩 차곡차곡 돈을 불렸다.

버킷숍에는 또 다른 특징이 있었다. 바로 현금결제를 해주었다는 점이다. 현금결제란 가격이 변했을 때 그 차액만 계산해서 현금으로 정산하는 방식이다. 오늘날에는 이를 두고 차액결제 계약이라는 표현도 쓴다.

현금결제와 비교되는 다른 방식은 이른바 실물 인수도다. 예를 들어 금을 실물 인수도로 샀다면 금괴를 받아 와야 한다. 돈을 불리는 관점에서 실물 인수도는 사실 귀찮다. 가격이 올랐으면 그에 따라 돈만 받으면 되는데 실물이 생기면 도로 내다 파느라 신경 쓸 일이 많다.

한마디로 버킷숍은 돈 불리기의 민주화에 중요한 존재였다.

버킷숍으로 유명한 사례를 하나 살펴보자. 풀러앤드컴퍼니는 1914년에 생긴 증권회사였다. 이 회사는 윌리엄 프랭크 맥기와 에드워드 풀러가 공동으로 세운 회사였다. 풀러는 1918년 2월 뉴욕통합증권거래소의 마켓 메이커가 되어, 1922년까지 그곳에서 가장 큰 마켓 메이커로 성장했다.

뉴욕통합증권거래소는 1875년에 생긴 뉴욕광산주식거래소에서 유래한 거래소였다. 19세기 후반 뉴욕통합증권거래소는 미국광산주식거래소, 내셔널원유거래소, 뉴욕원유거래소를 차례로 흡수하며 덩치를 불렸다. 20세기 초반 뉴욕통합증권거래소는 먼저 생긴 뉴욕증권거래소의 가장 큰 경쟁자였다.

당시 뉴욕통합증권거래소의 거래량은 뉴욕증권거래소 거래량의 20퍼센트를 넘었다. 사람들은 뉴욕증권거래소와 뉴욕통합증권거래소를 각각 '빅보드'와 '리틀보드'라는 별명으로 불렀다. 즉 전자가 큰 거래소라면 후자는 작은 거래소였다. 뉴욕증권거래소보다 작을지언정 뉴욕통합증권거래소는 완벽히 합법적인 거래소였다.

1922년 2월, 뉴욕통합증권거래소의 몇몇 마켓 메이커와 중개업자가 갑자기 파산했다. 아무런 사전 징후나 예고가 없는 파산이었다. 당시 뉴욕주 의회는 뉴욕통합증권거래소와 연계되어 있는 버킷숍을 폐지해야 한다고 주장했다. 버킷숍이 문제의 근본 원인이라는 이유에서였다.

버킷숍에는 다양한 종류가 있었다. 고객이 맡긴 돈을 들고 밤사이 튀는 버킷숍도 없지는 않았다. 실제로 거래된 주가와 다른 주가로 현금결제하는 경우도 있었다. 이러한 버킷숍은 단순한 사기에 그쳤다.

그보다 큰 버킷숍 중에는 마켓 메이커의 전형적인 돈 불리기에 몰두하는 곳들이 있었다. 프런트 러닝과 시세 조종은 기본 메뉴에 가까웠다. 이들은 기회를 보며 특정 주식을 대량으로 팔아 장중에 주가를 급락시켰다. 약간의 주가 하락으로도 바닥을 드러낼 고객의 증거금을 삼키기 위해서였다. 버킷숍이 마진 콜을 하지 않은 것은 그런 이유였다.

버킷숍의 더 큰 문제는 고객의 거래가 실제의 주식거래로 연결되지 않는다는 점에 있었다. 큰 물량이라면 리스크를 덜어내기 위해 뉴욕통합증권거래소에서 실제로 거래를 했겠지만 작은 물량은 실제 주식거래 없이 거래 결과를 스스로 떠안았다. 그러다 물어내야 할 돈이 갑자기 너무 많아지면 야반도주하거나 문을 닫았다.

버킷숍의 특징 중 하나인 현금결제 또한 실제의 주식거래가 없기 쉬운 운영 방식에서 비롯되었다. 전달해줄 주식을 갖고 있지 않기에 실물 인수도를 하지 못하고 현금결제를 할 수밖에 없는 것이었다. 나중에 미국 연방대법원은 실물의 거래가 뒤따르지 않는 버킷숍의 운영 방식이 근본적으로 도박이나 돈내기와 다르지 않다고 판결했다. 쉽게 말해 주식이나 원자재 가격을 두고 개인들이 돈내기를 할 수 있는 불법도박장을 운영한 셈이라고 인정한 것이었다.

1922년 7월, 또 다시 적지 않은 수의 마켓 메이커와 중개업자가 도산했다. 그중의 하나가 풀러였다. 뉴욕통합증권거래소의 가장 큰 마켓 메이커가 무너진 것이었다. 뉴욕통합증권거래소가 계속 거슬렸던 뉴욕증권거래소의 증권사들에게는 좋은 기회였다. 이들은 1921년에 생긴 이른바 '마틴법'을 개정하도록 로비했다. 버킷숍은 이제 완전히 불법이 되었다.

1923년 6월, 풀러는 고객 주문을 버킷팅했다는 혐의로 유죄를 인정했다. 7월에는 그가 버킷팅 외에 다른 범죄도 저질렀다는 혐의가 추가되었다. 풀러와 맥기는 1927년 6월에 싱싱교도소에 수감

되었다. 버킷숍의 연합체였던 뉴욕통합증권거래소는 1926년에 문을 닫았다.

오늘날 버킷숍은 완전히 사라졌을까? 그렇기도 하고 아니기도 하다. '그렇다'고 하는 이유는 버킷숍이라는 이름을 갖고 있는 회사가 없기 때문이다. 최소한 주식이나 원자재를 두고 돈내기를 하는 곳은 거의 찾아보기 어렵다.

'아니다'라고 한 까닭은 버킷숍이라는 이름을 쓰지는 않지만 버킷숍과 동일한 방식으로 운영되는 곳은 얼마든지 찾을 수 있기 때문이다. 가장 쉽게 눈에 띄는 건 외환 마진거래다. 외환 마진거래는 주식 마진거래와 방식은 똑같지만 거래 대상이 주식이 아닌 외환인 경우다.

2010년 미국 원자재파생거래위원회는 외환 마진거래의 최대 레버리지를 10배로 제한했다. 2003년부터 외환 마진거래와 관련된 사기 등의 신고가 계속 늘어나서였다. 미국 원자재파생거래위원회는 지난 7년간의 사기 피해액이 4,200억 원이 넘는다고 추산했다.

소매의 개인을 대상으로 하는 외환 마진거래 업체 중에는 0.1퍼센트의 증거금으로 거래할 수 있는 곳도 있다. 1,000배의 레버리지가 가능한 이들 업체의 양태는 20세기 초반의 버킷숍과 다르지 않다.

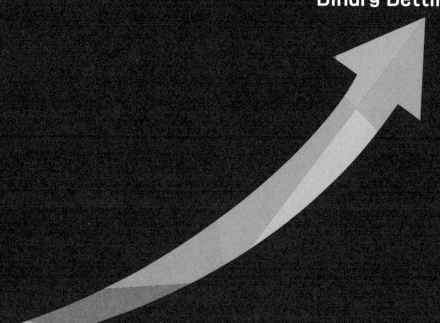

3부

이분법 내기
Binary Betting

6장

모 아니면 도의 단순한 내기가 좋다

디지털옵션과 보험

사실 1부와 2부에서 살펴본 돈 불리는 방법은 어떤 면으로는 손이 많이 간다. 알아야 할 것도 많고 해야 할 것도 많다. 우리는 그보다 더 간단한 방법으로 돈 불리기를 원한다. 돈 놓고 돈 먹기가 되면 더할 나위가 없다.

6장부터 8장까지 세 개의 장으로 구성된 3부에서는 그러한 사람들에게 안성맞춤인 돈 불리는 방법을 다룬다. 바로 이분법 내기다. 이분법이란 상태가 두 가지인 경우를, 내기는 일정한 약속 아래에서 승부를 다투는 일을 의미한다. 즉 이분법 내기는 돈을 걸고 결과를 맞히는 것이다. 맞히면 돈이 불어나고 틀리면 돈이 사라진다. 영어로는 베트* 혹은 웨이저**다.

이분법 내기를 해보지 않은 사람은 없다고 해도 과장이 아닐 것이다. 스포츠 경기의 승패를 놓고 친구들과의 밥값 내기, 복권 혹은 로또 구매도 모두 이분법 내기다.

로또는 맞히기만 한다면 최고의 돈 불리기 방법이 될 수 있다. 들이는 돈에 비해 불어난 돈이 엄청나게 크기 때문이다. 또한 구조가 단순해서 분석하기도 쉽다. 로또를 분석하는 방법은 모든 이분법 내기에 그대로 적용 가능하다.

역사상 가장 큰 로또 당첨금은 얼마였을까? 2016년 1월 13일 파워볼에서 나온 약 1.9조 원이다. 미국의 45개 주에서 살 수 있는 파워볼은 미국 복권의 양대 산맥 중 하나다. 69개의 흰 공 번호 중 5개를 맞히고 26개의 파워볼 번호 중 1개까지 맞히면 잭팟, 즉 1등 당첨이다. 파워볼 잭팟의 확률은 2억 9,220만 1,338분의 1로서 0.0000003퍼센트보다 약간 크다.

이 경우는 사실 1등 당첨자가 3명이었다. 그래서 각자 받은 당첨금이 약 6,300억 원에 그쳤다. 1명이 받은 돈 기준으로는 2018년 10월 23일의 메가밀리언이 더 크다. 메가밀리언은 미국을 대표하

★ bet.
★★ wager.

는 또 다른 로또다. 56개 숫자 중 5개를 맞히고 동시에 46개 숫자 중 1개를 맞히면 잭팟이다. 이날의 당첨금 약 1.84조 원을 받은 사람은 1명이었다. 메가밀리언 한번 하는데 2,400원이 드니 당첨자는 돈을 7억 6,850만 배로 불린 셈이다.

♠

그렇다면 먼저 이분법 내기를 분석하는 방법을 알아보자. 우선 몇 가지 용어를 익혀야 한다. 스테이크,* 즉 거는 돈은 내기에 참여하기 위해 필요한 돈이다. 메가밀리언의 경우 2,400원이 거는 돈이다. 거는 돈은 내기에서 이기지 못하면 고스란히 잃는다. 판돈이라는 말도 쓰지만 한 명이 거는 돈과 한 판의 내기에 걸려 있는 전체 돈을 다 나타낼 수 있어 뜻이 모호하다.

다음으로 내기에 이겼을 때 받게 될 돈을 알아야 한다. 영어로 '페이아웃',** 즉 받는 돈이다. 거는 돈과 받는 돈의 조합은 한판의 내기를 구성한다. 이 조합을 가리켜 영어로 '오즈'***라고 부른다. 이를 배당률이라고 번역하는 경우가 있지만 바로 뒤에서 언급하는 이유 때문에 적절하지 않다. 카지노에서도 다른 마땅한 단어가

★　　stake.
★★　payout.
★★★ odds.

없어 그냥 오즈라고 부른다.

내기의 오즈를 나타내는 방법은 크게 세 가지다. 하나의 조합을 나타내는 표현법이 세 가지라는 뜻이다. 하나만 아는 것만으로도 충분하면 좋겠지만 안타깝게도 세 가지 다 쓴다. 소수 분수 그리고 머니라인이다. 소수는 유럽에서, 분수는 영국에서, 머니라인은 미국에서 주로 쓴다.

세 가지 방법 중 소수가 가장 이해하기 쉽다. 소수 오즈는 받는 돈을 거는 돈으로 나눠 소수로 나타낸 결과다. 이를테면 첫 번째 내기의 거는 돈이 2억 원이고 받는 돈이 9억 원이라면 소수 오즈는 9를 2로 나눈 4.5다. 두 번째 내기에서 거는 돈은 첫 번째 내기와 같고 받는 돈이 3억 원이라면 소수 오즈는 3을 2로 나눈 1.5다.

분수 오즈는 '슬래시/'나 '하이픈—'을 사용해 나타낸다. 앞서 첫 번째 내기의 분수 오즈는 7/2 혹은 7-2이라고 나타낸다. 즉 분수 오즈의 앞 숫자는 받는 돈에서 거는 돈을 뺀 순수하게 불어난 돈만을 가리킨다. 뒤 숫자는 거는 돈이다. 두 번째 내기의 분수 오즈는 1/2다. 분수 오즈에서 앞 숫자가 뒤 숫자보다 작다는 것은 불어날 돈이 거는 돈에 비해 작음을 의미한다.

머니라인 오즈가 가장 알아야 할 것이 많다. 먼저 불어날 돈과 거는 돈을 비교해야 한다. 첫 번째 내기처럼 불어날 돈이 거는 돈보다 크면 양의 부호를, 두 번째 내기처럼 불어날 돈이 거는 돈보다 작으면 음의 부호를 쓴다. 부호 다음에 숫자를 붙이는데 부호에 따라 의미가 다르다. 양의 부호(+) 뒤는 불어날 돈이고 음의 부호(-) 뒤는 거는 돈이다. 다음으로 오즈의 조합을 구성하는 나머지 돈은 자동으로 100이 된다. 즉 머니라인 오즈가 양의 값이면 거는 돈이 100이고 음의 값이면 불어난 돈이 100이다.

이 두 종류 내기를 머니라인 오즈로 나타내보자. 첫 번째 내기는 불어날 돈이 거는 돈보다 크므로 양의 부호를 쓴다. 또한 불어날 돈은 거는 돈이 100이라고 할 때 350이다. 합치면 +350이다. 두 번째 내기는 불어날 돈이 거는 돈보다 적기에 음의 부호를 쓴다. 또한 불어날 돈이 100이라고 할 때 거는 돈은 200이다. 따라서 -200이라고 쓴다. 즉 머니라인 오즈에서 +350은 100을 걸어서 이기면 350만큼 돈이 늘어나게 됨을 뜻하고, -200은 200을 걸어서 맞히면 100만큼 돈을 불리게 됨을 뜻한다.

이제 한 가지만 더 알면 이분법 내기 분석이 완전해진다. 두 내기의 오즈가 똑같다고 해서 두 내기가 동등하다고 이야기할 수는 없다. 오즈 자체는 거는 돈에 비해 불어날 돈이 얼마나 큰지를 나타낼 뿐이다. 내기를 이길 확률이 다르다면 오즈가 같다고 하더라도 두 내기는 서로 다르다.

각각의 이분법 내기가 내게 얼마나 유리할지를 숫자로 나타낼 수 있으면 편리하다. 그러한 지표를 '어드밴티지'*라고 한다. 어드

★ advantage.

밴티지는 이분법 내기의 기댓값으로 정의된다. 이를테면 1의 돈을 걸었을 때 받을 돈의 기댓값에서 거는 돈인 1을 뺀 값이다. 받을 돈의 기댓값은 내기에 이길 확률에 받을 돈을 곱한 값과 같다.

역사상 당첨금이 제일 큰 로또였던 2016년 파워볼의 어드밴티지를 참고삼아 구해보자. 받을 돈의 기댓값은 잭팟 1.9조 원에 잭팟이 나올 확률인 2억 9,220만 1,338분의 1을 곱한 10,813원이다. 여기서 파워볼 한 번 할 때 드는 돈인 2,400원을 빼면 어드밴티지가 나온다. 즉 이때의 어드밴티지는 8,413원이다. 이처럼 어드밴티지가 양수인 경우를 가리켜 에지,* 즉 우위가 있다고 말한다.

지금까지 이분법 내기의 대표 격으로 로또를 이야기했다. 로또가 돈 불리기 좋은 방법이라서 고른 것은 아니었다. 단지 로또를 모르는 사람이 드물 것이라는 판단에서 그렇게 했다.

금융시장에도 로또와 같은 이분법 내기가 있을까? 물론 있다. 로또처럼 편하게 돈 불릴 수 있는 수단이 금융에 없을 리가 없다. 금융의 본질이 돈 불리기라는 1장 서두의 말을 기억한다면 당연한 귀결이다. 그러한 수단을 가리켜 디지털옵션 혹은 바이너리옵

★ edge.

션이라고 부른다.

디지털옵션은 글자 그대로 0 아니면 1의 두 가지 미래 상태가 있는 옵션이다. 옵션은 미래의 상태에 따라 결과가 달라지는 파생 금융거래를 총칭하는 말이다. 1이 나오면 돈을 받고 0이 나오면 꽝이다. 이는 숫자 6개를 맞히면 잭팟이고 그 외 자잘한 당첨금을 무시할 때의 로또와 같은 모양새다.

또한 옵션을 사기 위해서는 옵션 판매자에게 먼저 돈을 줘야 한다. 마치 판매업자에게 돈을 내고 로또를 사는 것과 같다. 이처럼 디지털옵션과 로또는 일대일의 대응 관계를 이룬다. 즉 로또를 디지털옵션의 부분집합으로 봐도 무리가 없다.

보다 구체적인 디지털옵션의 예시를 살펴보자. 현재 애플의 주가가 210,000원이라고 할 때, 한 달 뒤에 애플 주가가 220,000원 이상으로 오를 것이라 예측한다면 만기가 1개월이고 행사가격이 220,000원인 디지털 콜을 살 수 있다. 디지털 콜은 만기 시점의 가격이 행사가격보다 높거나 같으면 원금을 받는 옵션이다. 반대로 가격이 행사가격보다 낮거나 같으면 원금을 받는 옵션도 있다. 바로 디지털 풋이다.

이 디지털 콜의 원금이 1억 원이고 옵션을 사는 가격, 즉 프리미엄이 5,000만 원이라고 할 때 오즈는 어떻게 될까? 거는 돈이 5,000만 원이고 받는 돈이 1억 원인 셈이므로 소수 오즈는 2다. 1개월 만에 돈을 2배로 불리는 것이 가능하다는 뜻이다. 그렇다면 이

것을 12개월 동안 계속 맞히면 무슨 일이 벌어질까? 처음에 1억 원이었던 돈이 단 1년 만에 4,096억 원으로 불어나게 된다. 왜 사람들이 디지털옵션에 눈이 뒤집어지는지 이제 이해가 갈 것이다.

그렇다면 디지털옵션의 선구자는 누구였을까? 대학 때 옵션 과목을 들은 사람이라면 4장에 나왔던 피셔 블랙이나 마이런 숄스를 떠올릴 법하다. 두 사람이 기여한 부분이 있지만 이들보다 먼저 디지털옵션을 거래한 이는 바로 5장에 나왔던 버킷숍이다.

버킷숍에서는 디지털옵션을 포함해 다양한 옵션을 거래했다. 그것이 옵션에 불행이라면 불행이었다. 1922년 버킷숍이 금지되면서 옵션도 덩달아 금지되었다. 미국 연방대법원은 옵션 자체를 도박으로 간주했다. 이러한 판례가 일부 뒤집힌 것은 1970년대 초가 되어서였다. 당시 공화당 소속의 미국 대통령 리처드 닉슨이 "옵션은 헤징의 수단일 뿐"이라는 밀턴 프리드먼의 주장을 받아들인 덕분이었다. 프리드먼은 "마약도 자유롭게 합법화해야 한다"는 지론의 소유자였다.

이러한 디지털옵션은 돈 불리기에 참 좋은 도구지만 난처한 구석이 있다. 아무리 포장을 잘해도 생긴 모양새가 도박과 구별이 되지 않는다는 점이다. 즉 돈을 불리려는 사람들의 본심이 너무 노골적으로 드러나는 것이 문제라면 문제다.

현재 디지털옵션은 기본적으로 장외에서 거래된다. 이 말이 무슨 뜻이냐면 선수들 간의 거래는 국가가 관여할 일이 아니지만 일반 국민이 손대는 것만큼은 보고 싶지 않다는 의미다. 유럽증권시장청*은 2018년 개인을 상대로 한 디지털옵션 판매를 전면 금지했다. 오스트레일리아증권투자위원회**는 2021년에 금지했다. 영국의 경우는 독특하다. 2015년까지는 도박위원회가 디지털옵션을 규제했다. 디지털옵션을 금융거래가 아닌 도박으로 간주했다는 뜻이다. 2016년부터 금융행위감독청***이 개입하기 시작, 2018년에 소매거래를 전면 금지했다.

미국은 어떨까? 금융의 선진국답게 디지털옵션을 장내거래로 취급하려다 실패한 전례가 있다. 현재 디지털옵션을 적법한 금융거래로서 간주하는 나라는 튀르키예와 그리스 사이에 있는 섬나라 키프로스가 유일하다. 즉 키프로스는 미국을 능가하는 금융의 최첨단 국가다.

그렇다고 디지털옵션을 거래할 수 있는 방법이 없지는 않다. 조금만 검색해보면 외환 디지털옵션을 판다는 업체가 얼마든지 나온다. 소액을 받고 전문가인 척하면서 이들 업체를 홍보하는 블로그도 계속 생겨난다. 이들 업체가 언제 갑자기 문을 닫고 사라질지는 물론 예측하기 어렵다.

★   The European Securities and Markets Authority.
★★   Australian Securities and Investments Commission.
★★★ Financial Conduct Authority.

♤

디지털옵션으로 돈을 크게 불린 사례를 하나 살펴보자. 1955년 미국 뉴욕 퀸스에서 태어난 존 폴슨은 뉴욕대학을 졸업했다. 그가 나고 자란 곳은 찰스 채플린과 해리 후디니가 예전에 살았던 곳이기도 했다. 하버드대 MBA와 보스턴컨설팅그룹을 거친 폴슨은 금융에 뜻을 두고 오디세이파트너스, 베어스턴스, 그러스파트너스에서 차례로 일했다. 그 덕분에 기업인수합병으로 돈을 버는 헤지펀드와 투자은행에서 경력을 쌓을 수 있었다.

1994년 폴슨은 자신의 헤지펀드인 폴슨앤드코를 세웠다. 자본금 24억 원에 직원 한 명뿐인 단출한 회사였다. 사무실도 예전 직장인 베어스턴스가 빌려준 방 한 칸이 전부였다. 폴슨앤드코는 2003년까지 운용자산 3,600억 원의 헤지펀드로 성장했다. 폴슨은 동네 선배 주민인 채플린, 후디니와 공통점이 있었다. 채플린처럼 자신의 기법이 알려지는 걸 극도로 피했고 후디니처럼 의심이 많았다.

2005년 폴슨은 돈을 불릴 수 있는 새로운 기회를 포착했다. 미국이 돈을 너무 많이 빌리고 있다는 생각이 들었던 것이다. 특히 눈에 띈 것은 주택시장이었다. 폴슨이 보기에 집값이 말도 안 되는 속도와 수준으로 오르고 있었다.

당시 주택시장의 활황은 네 가지 요소가 맞물린 결과였다. 첫째는 집을 살 돈이 없는 사람들에게 은행이 빌려준 돈이었다. 둘째는 은행이 돈을 빌릴 수 없는 사람들에게도 빌려줄 수 있도록 미국 국영 부동산금융 회사가 서준 보증이었다. 셋째는 이 두 가지가 결합된 대출 채권을 증권시장에서 되팔 수 있게 해준 '구조화 금융' 기법이었다. 마지막은 언제나 그렇듯이 돈을 더 많이 불리고 싶은 사람들의 탐욕이었다. 모두 다 집값이 올라 돈 벌었다고 좋아하고 있을 때 폴슨의 의심은 계속 커져갔다.

1년 가까이 검토한 폴슨은 마침내 2006년 여름, 행동에 나섰다. 주택시장 붕괴가 가까워졌다고 판단한 그는 집값이 떨어지면 돈이 불어나는 거래를 시작했다. 그리고 그러한 거래만 담는 자펀드를 새로 만들었다. 자펀드의 이름은 일명 '신용기회펀드'였다.

신용기회펀드는 통상적인 곰이 아니었다. 곰이라면 집값이 떨어지는 만큼 돈이 불어나는 공매도나 퓨처스 숏을 해야 했다. 그런데 집 자체를 공매도할 수 있는 방법은 없었다. 집을 기초자산으로 하는 퓨처스도 존재하지 않았다. 폴슨이 한 거래는 이른바 신용부도스와프의 보장 구매였다.

신용부도스와프는 국가나 회사가 발행한 채권을 기초자산으로 한 장외파생거래였다. 신용부도스와프의 보장 구매자는 해당 채권에 부도가 나는 경우 거래 상대방에게 휴지 조각이 된 채권을 주면서 채권의 원금을 받았다. 혹은 부도난 채권의 시장가격과 채권 원금의 차를 그냥 현금으로 받기도 했다. 부도가 나지 않으면 그것

디지털옵션과 보험

으로 그만이었다. 즉 신용부도스와프는 채권에 부도가 나면 돈을 받는 디지털옵션이었다. 폴슨의 신용기회펀드가 사들인 것이 바로 신용 디지털옵션이었다.

폴슨은 부동산 담보부대출 채권의 신용부도스와프 보장을 판매할 거래 상대방을 찾았다. 아무리 그가 사고 싶어도 그런 거래에 응하겠다는 판매자가 없으면 소용없는 일이었다. 다행히도 판매자를 찾는 것은 어렵지 않았다. 상대방들은 신용부도스와프 보장을 팔면서 폴슨에게 받을 돈을 거의 눈먼 돈으로 여겼다.

폴슨의 첫 번째 보장 구매는 원금이 6,000억 원 규모였다. 이어 거래 상대방은 1조 2,000억 원어치를 더 하면 어떻겠냐고 제안했다. 며칠 고민한 폴슨은 결국 30조 원 규모의 보장 구매를 해치웠다. 그가 원한다면 30조 원어치를 추가하는 것도 가능했지만 그렇게 하지는 않았다.

폴슨 외에도 미국 집값 하락에 돈을 건 사람은 몇 명 더 있었다. 가장 먼저 뛰어든 사람은 마이클 버리였다. 그의 헤지펀드 사이언 캐피털은 2005년 5월 720억 원 규모의 신용부도스와프 보장을 도이체방크로부터 샀다. 이후 10월까지 뱅크오브아메리카, 골드만삭스, 모건스탠리 등과도 거래해 총 1조 2,000억 원 규모의 신용부도스와프 보장을 갖게 되었다. 버리는 그 후 2006년 가을까지 오히려 집값이 더 오르는 바람에 금전적으로 고생했다.

미국의 집값은 2006년 가을부터 급격히 꺾이기 시작했다. 폴슨이 신용부도스와프 보장을 구매한 시점은 한마디로 절묘했다. 집값이 한번 꺾이자 그다음에는 점점 떨어지는 속도가 빨라질 뿐이었다. 빌린 돈으로 주식을 사는 것과 빌린 돈으로 집을 사는 것은 서로 쌍둥이지간이었다. 마진 콜을 견디지 못한 황소가 주식을 팔면 주가가 더 떨어지듯이 대출을 갚을 돈이 없는 무직자가 집을 팔려고 내놓으면 집값은 더 떨어졌다.

신용기회펀드는 2006년 말까지 19퍼센트의 수익률을 얻었다. 2007년 2월 추가로 66퍼센트가 또 올랐다. 2007년 4월까지 50개가 넘는 부동산금융사가 파산했다. 금융사들이 집주인에게 빌려준 돈을 돌려받을 길이 사라지면서 벌어진 일이었다. 신용기회펀드가 가진 신용부도스와프 보장은 이제 단순히 평가상 이익을 내는 것이 아니라 현금을 받기 시작했다. 2007년 9월 신용기회펀드의 돈은 1월 초에 비해 4.4배로 불어났다.

미국의 집값은 2012년까지 계속 떨어졌다. 결국 폴슨앤드코는 24조 원의 돈을 불렸다. 폴슨은 그중 5조 원에 육박하는 돈을 성과급으로 받아갔다. 사이언캐피털은 출자자에게 9,000억 원을 새로 안겨주었다. 버리의 성과급은 1,200억 원이었다.

버리와 폴슨 등의 거래는 이후 '빅 숏'이라는 이름을 얻었다.

♤

이분법 내기에 속하는 또 다른 형태는 일명 스포츠 베팅이다. 스
포츠 베팅은 글자 그대로 스포츠 경기 결과를 두고 벌이는 돈내기
다. 스포츠 도박이라는 표현도 같이 쓴다.

스포츠 베팅이 어떻게 작동하는지 이해하기는 어렵지 않다. 스
포츠 도박업자는 내기에 돈을 건 사람이 경기의 승자를 맞혔을 때
받을 돈을 오즈로 나타내 게시해놓는다. 도박 시장의 오즈가 마음
에 들면 돈을 걸고 마음에 들지 않으면 돈을 걸지 않는다. 오즈가
큰 경기를 맞히면 돈은 크게 불어난다.

실제로 2014년 브라질월드컵 조별 예선에서 한국은 벨기에, 러
시아, 알제리와 함께 H조에 속했다. 당시 도박업자는 한국의 16강
진출 오즈를 2.85로, 조 꼴찌 오즈를 3으로 게시했다. 즉 1억 원을
걸어서 한국이 16강에 올라가면 걸었던 돈 1억 원을 포함해 2.85억
원을 받는 것이었다. 예선에서 한국은 러시아와 1 대 1로 비긴 후
알제리에 2 대 4, 벨기에에 0 대 1로 차례로 져서 1무 2패로 조 꼴
찌에 그쳤다.

스포츠 베팅으로 이득을 본 사람 가운데 유명인으로 미국의 농
구선수였던 찰스 바클리가 있다. 2001-2002 시즌 미식축구 챔
피언 결정전인 슈퍼볼에서 세인트루이스 램스와 뉴잉글랜드 패트
리어츠가 붙었다. 정규시즌 14승 2패에 2년 전에도 슈퍼볼 트로

피를 들어 올렸던 램스가 인기 팀, 정규시즌 11승 5패인 패트리어 츠가 언더도그였다. 게다가 패트리어츠는 그 시즌에 주전 쿼터백 드루 블렛소가 부상으로 결장하면서 2년차 후보 쿼터백 톰 브래 디가 나서야 했다.

바클리는 과감하게 패트리어츠에 6억 6,000만 원을 걸었다. 다 수의 예상을 깨고 패트리어츠는 램스를 20 대 17로 이겼다. 바클 리는 14억 4,000만 원의 돈을 받았다. 결과적인 오즈는 11/9였다.

스포츠 베팅에 거는 돈이 커지면 그만큼 경기 결과를 다른 방식 으로 정하고 싶은 마음이 든다. 돈으로써 더 많은 돈을 불리는 것 이 가능해진다는 이야기다. 이러한 일은 역사도 깊다.

고대 그리스 올림픽 선수들은 거의 예외 없이 돈에 매수되어 경 기에 졌다는 의혹에 시달렸다. 실제로 도시국가들은 돈으로 결과를 만들려 했다. 명예롭게 경기한다는 선수들의 선서는 종종 공허한 메아리로 판명 났다. 그리스인 파우사니아스는 기원전 388년 권투 선수 에우폴리스가 올림픽에 나와 3명의 상대 선수 모두에게 뇌 물을 먹였다는 기록을 남겼다.

경기 결과를 돈으로 만들어내는 건 오늘날도 크게 다르지 않다. 무수히 많은 사례 중에서 2007년 미국프로농구의 사례를 한번 살 펴보자.

1967년, 미국 펜실베이니아에서 태어난 팀 도너히는 농구 가족 의 일원이었다. 그의 아버지 게리는 미국대학농구의 유명한 심판이었고, 외삼촌 빌리 오크스는 프로농구 심판이었다.

집안의 후광에 힘입은 도너히는 1994년 미국프로농구의 심판이 되었다. 심판의 삶은 그렇게 바쁘지는 않았다. 그는 남는 시간에 미식축구와 대학미식축구 경기에 베팅을 즐겨 했다. 프로농구 규정상 엄연한 위반이었지만 "이런 젠장, 모두 다 하는데, 뭘."이라며 스스로를 합리화했다.

2003년 3월, 도너히는 루비콘강을 건넜다. 고등학교 친구와 함께 프로농구 경기에 돈을 건 것이었다. 그것도 다름 아닌 자기가 심판을 보는 경기였다. 두 사람의 판돈은 경기당 600만 원 수준이었다. 이는 일반적인 베팅의 10배에 해당하는 금액이었다. 도너히는 매 시즌 자신이 심판을 보는 30여 경기에 돈을 걸었다.

그들의 또 다른 고등학교 친구이자 도박꾼인 제임스 바티스타와 토머스 마티노는 비정상적인 흐름을 포착했다. 2006년 12월, 바티스타는 도너히에게 찍어준 팀이 이기면 240만 원을 주고 지면 한 푼도 안 주기로 약속했다. 이들은 정보를 어떻게 주고받을지도 정했다. 제이피모건의 IT 직원이었던 마티노에게는 척과 자니라는 형제가 있었다. 척은 펜실베이니아에, 자니는 뉴저지에 살았다. 경기 전날 도너히가 마티노와 통화하면서 척을 거론하면 홈팀, 자니를 거론하면 원정팀이라는 암호도 정했다. 그리고 나면 마티노가 바티스타에게 전화를 걸어 내용을 공유했다. 도너히와 바티스타가 직접 통화하는 일은 피했다. 물론 모든 전화는 선불 대포폰

6장 | 모 아니면 도의 단순한 내기가 좋다

으로 이루어졌다.

바티스타는 프로농구에 돈을 거는 헤지펀드를 만들었다. 그의 헤지펀드는 스마트한 운용도 곁들였다. 가령 마티노의 연락을 받으면 바티스타는 그날 밤 아침 시간대의 아시아 도박 시장에 가서 도너히가 선택하지 않은 팀에 베팅을 했다. 그럼으로써 선택된 팀의 오즈를 더 높이려는 시도였다.

바티스타의 첫 번째 베팅은 2006년 12월 13일에 벌어진 필라델피아 세븐티식서스와 보스턴 셀틱스의 경기였다. 도너히의 선택은 셀틱스였다. 셀틱스는 미국 도박 시장에서 +2.5 스프레드였다. 이는 셀틱스가 2.5점 차 이내로 지거나 이기면 돈을 딴다는 뜻이었다. 즉 셀틱스는 질 가능성이 큰 언더도그였다. 바티스타의 아시아 시장 베팅으로 스프레드는 +4로 커졌다.

바티스타는 6억 원을 걸었다. 도너히의 활발한 반칙 콜로 셀틱스는 세븐티식서스를 101 대 81로 꺾었다. 바티스타는 도너히의 몫을 600만 원으로 올렸다. 경기당 거는 돈도 12억 원으로 높였다. 2007년 7월까지 도너히의 승률은 88퍼센트를 기록했다.

남다른 혈통과 스마트함으로 시장에서 능력을 보여준 도너히, 바티스타, 마티노의 돈 불리기는 안타깝게도 오래가지는 못했다. 이들은 모두 1년이 넘는 징역형을 살았다. 다행한 일도 있었다. 원래 미국에서 스포츠 베팅은 1992년에 발효된 스포츠보호법에 의해 원칙적으로 금지였지만 도널드 트럼프가 지명한 대법원 판사가 포함된 미국 연방대법원이 2018년 스포츠보호법을 위헌으로 판결했다. 이로써 스마트하게 돈 불릴 기회는 앞으로 더욱 많아질 것이다.

♤

돈내기와 도박에는 공통점이 있다. 규칙을 알아야 할 수 있고 승패가 빨리 나오며 반복해서 할 수 있다는 점이다. 이러한 공통점을 갖는 것이 하나 더 있다. 바로 컴퓨터게임이다.

도박과 컴퓨터게임의 세계는 이를테면 닫힌계다. 발생 가능한 상태를 하나도 남김없이 나열하는 것이 가능하다는 뜻이다. 또한 각각의 상태의 확률도 미리 다 알 수 있다. 도박은 경우의 수를 구해 계산할 수 있고 컴퓨터게임은 게임 회사가 정해놓은 값을 따를 뿐이다.

닫힌계는 어드밴티지를 정확히 계산할 수 있다. 이러한 사실은 닫힌계에 있는 사람을 일종의 헛똑똑이로 만든다. 세상 모든 것을 다 안다고 착각하게 만든다는 의미다. 학교 다닐 때 시험을 잘 보던 우등생이 실제 세계에서 크게 성공하는 경우가 별로 없는 것도 같은 이유다.

도박과 게임에서 통용되던 방식이 실제 세계에서도 그대로 적용된다고 착각하는 것을 가리키는 말이 있다. 바로 루두스 오류다.

루두스는 놀이 혹은 게임을 뜻하는 라틴어다. 고대 로마의 초등학교를 가리키는 말이기도 하다. 즉 루두스 오류는 초딩 수준이 범하는 오류라고 이해해도 무리가 없다.

어려서부터 컴퓨터게임을 하며 자란 세대는 금융도 게임과 같은 거라고 생각하곤 한다. 스마트폰 하나 손에 쥐면 할 수 있다는 것도 공통점이다. 아마존에서 찾아보면 바이너리옵션을 다룬 책이 줄줄이 나온다. 그중에는 『재미와 이익을 위한 바이너리옵션 거래』라는 책도 있다. 이들에게 디지털옵션은 재미있기까지 한 그야말로 완벽한 금융거래다.

그렇다면 디지털옵션은 왜 그토록 인기인 걸까?

1855년 애버딘대학의 알렉산더 베인은 이른바 '더듬기와 실험하기'를 통한 학습을 주장했다. 말하자면 반복적인 시행착오가 효과적인 교육방법이라는 얘기였다. 베인은 오늘날 우리가 강화학습이라고 부르는 기법의 시조다.

학습의 원리로서 강화의 본질을 보다 간결하게 표현한 사람은 컬럼비아대학의 에드워드 손다이크다. 손다이크는 "만족이 클수록 상황과 반응의 연결 고리는 강화되고, 불편함이 클수록 그 연결 고리는 약화된다"고 주장했다. 그는 이를 가리켜 '효과의 법칙'이라고 불렀다.

20세기 중반 하버드대학의 버러스 프레더릭 스키너는 동물을 상대로 강화학습을 실험했다. 상자 속의 쥐가 지렛대를 누르면 먹이 주는 것을 반복했다. 쥐는 처음에는 우연히 지렛대를 눌렀을 뿐이지만 곧 지렛대를 반복적으로 눌렀다. 먹이를 먹을 때 즐거움을 느낀 탓이었다. 쥐는 기분 좋은 상태를 가져다준 지렛대 누르기를 병적으로 계속했다.

스키너는 행동 조성이라는 개념도 확립했다. 이를테면 상자 속의 비둘기가 특정 위치를 쪼면 먹이를 주는 실험을 할 때 그 위치를 언젠가 우연히 쪼기를 기대하기란 쉬운 일이 아니었다. 스키너는 최종 목표 행동으로 유도하기 위한 작은 단계를 만들어 먹이를 주었다. 우연에만 의존했을 때보다 행동 조성을 시켰을 때 비둘기가 더 빨리 특정 위치를 미친 듯이 쪼게 되었음은 당연했다.

스키너가 관심을 가진 존재는 또 있었다. 도박중독자였다. 스키너는 쥐와 비둘기로 동물실험을 하지 않을 때는 도박중독자를 연구했다. 도박꾼이 손다이크의 효과 법칙을 따르지 않는 것처럼 보였기 때문이다. 돈을 딴 사람이 계속 도박을 하는 건 설명이 되지만 돈을 잃은 사람이 계속하는 건 달리 설명할 방법이 없었다. 유일한 방법은 보상과는 무관한 뭔가가 그러한 행동을 낳게 한다는 것이었다.

이후 뇌과학자들은 그러한 행동을 유도하는 물질을 찾아냈다. 도파민이었다. 지렛대를 누른 쥐가 먹이를 먹을 때 쥐의 뇌에 분비되는 호르몬이기도 했다. 도파민은 먹이를 먹을 때만 분비되는 호르몬은 아니다. 새롭고 놀라운 것을 경험할 때도 인간의 뇌는 도파민을 다량으로 방출한다.

지금까지 한 이야기는 왜 우리가 디지털옵션에 열광하게 되는지를 설명해준다. 디지털옵션으로 돈이 불어나면 우리의 뇌는 즐거워한다. 이는 더 많은 디지털옵션을 거래하도록 우리를 강화 학습시킨다. 디지털옵션으로 돈을 날려도 결과는 같다. 새롭고 놀라운 것을 겪을 때 분비되는 도파민으로 우리 뇌가 범벅이 되기 때문이다.

언젠가 빌 게이츠가 다음과 같은 말을 한 적이 있다.

"수십억 원의 돈을 갖기를 원하는 건 이해할 수 있어요. 하지만 그걸 한참 넘어서 갖게 되면, 내가 말해줄게요, 그건 그저 똑같은 햄버거예요."

어쨌든 도파민이라는 호르몬은 고마운 존재다. 내가 억만장자든 무일푼이든 느끼는 즐거움에는 아무런 질적인 차이가 없음을 증명해주기 때문이다. 화학의 관점에서 두 사람의 도파민은 동일한 물질이다.

금융시장의 이분법 내기는 디지털옵션과 스포츠 베팅이 전부일까? 그렇지 않다. 금융의 커다란 부분인 보험도 있다.

보험의 겉모습은 디지털옵션과 좀처럼 구별이 되지 않는다. 보험은 미리 정해놓은 특정한 사건이 발생하면 보험회사로부터 보험금, 다시 말해 돈을 받는 구조다. 그러한 권리를 가지려면 먼저 보험회사에 보험료, 즉 돈을 내야 한다.

물론 차이도 있기는 하다. 보험은 원칙적으로 손실을 보장받을 대상이 존재해야 한다. 다른 말로 하면 손실을 볼 가능성, 즉 리스크가 있어야 한다. 여기서의 리스크는 수익률의 변동성으로 정의되는 일반적인 금융의 리스크와는 의미가 다르다. 보험의 리스크는 해저드와 해저드에 대한 노출의 결합으로 나타난다. 해저드는 잠재적으로 손해를 끼칠 조건이나 상태다. 해저드는 물리적일 수도 있고 정신적일 수도 있다.

예를 들어 경기에 나선 골프선수에게 돈을 걸었다고 치자. 홀에 있는 연못, 일명 워터해저드는 물리적 해저드다. 선수가 친 골프공이 연못으로 들어가면 타수가 늘고 내 돈이 위험해진다. 만약 돈을 걸지 않았다면 선수한테는 해저드여도 내 노출이 없기 때문에 해저드가 아니다. 해저드가 하나 더 있는데 내가 베팅한 골프선수가 돈으로 매수된 경우다. 이게 정신적 해저드다.

보험으로 돈을 불리는 것 역시 가능하다. 1992년 베벌리힐스의 안과의사 스티븐 쿠퍼만은 소장 중이던 클로드 모네의 1882년 작품 〈푸르빌의 세관원 오두막〉과 파블로 피카소의 1932년 작품 〈거울 앞의 소녀〉를 도난당했다고 신고했다. 쿠퍼만은 들어놓았던 150억 원짜리 보험금을 탔다. 두 그림의 당시 시세는 30억 원이었다.

1997년 쿠퍼만이 도둑맞았다는 그림 두 점이 클리블랜드의 금고에서 발견되었다. 사실은 친구인 전직 검사 제임스 티어니와 짜고 그림을 훔쳐낸 것이었다. 그러곤 부하 직원을 시켜 금고에 넣어 놓았는데, 그에게 차인 여자친구가 이 모든 사실을 신고하면서 전모가 드러났다. 쿠퍼만은 보험회사 로이즈에 210억 원을 물어냈으며 3년형을 선고받았다.

사실 앞서 이야기한 바티스타는 도박 시장에 꼭 갈 필요는 없었다. 스포츠 경기 결과에 따라 돈을 받는 보험도 있기 때문이다. 이름하여 컨틴전시 보험이다. 컨틴전시란 '뭔가가 일어날지 말지에 달린 것'을 뜻한다. 재무론에서 옵션을 일컫는 다른 단어가 바로 컨틴전트 클레임이다.

앞에 나왔던 2014년 브라질월드컵에서 보험사들은 한국이 16강에 가면 보험금을 주는 컨틴전시 보험을 55퍼센트의 요율로 팔았다. 10억 원의 보험금을 받고 싶으면 5억 5,000만 원 내고 보험을 살 수 있었다는 뜻이다. 달리 말해 1억 원의 보험료를 냈다면 한국이 16강에 간 경우 1.82억 원을 받을 수 있었다. 당시 오즈 2.85를 제시한 스포츠 도박업자에게 1억 원을 걸었다면 받았을 2.85억 원보다 적다.

또 다른 방법도 있었다. 당시 골드만삭스는 한국의 16강 진출 확률을 49.1퍼센트로 평가했다. 디지털옵션을 거래하는 투자은행 트레이더가 한국의 16강행 디지털옵션을 판다면 여기에 5퍼센트

정도 스프레드를 붙여서 팔았을 것이다. 즉 같은 조건을 갖는 디지털옵션 프리미엄은 54.1퍼센트였다. 1억 원을 내고 골드만삭스로부터 디지털옵션을 샀다면 동일한 시나리오에서 1.85억 원을 받는 데 그쳤다. 도박은 역시 전문성이 있는 도박업자 가격이 좋다.

보험과 디지털옵션의 유사성은 다른 방식으로도 증명된다. 미국 최대 보험사 AIG는 자기들이 파는 보험과 신용부도스와프를 전혀 다르지 않다고 봤다. 이들은 2008년까지 529조 원어치의 신용부도스와프 보장을 팔았다. 버리와 폴슨에게 신용부도스와프 보장을 팔았던 도이체방크와 골드만삭스 등은 AIG로부터 훨씬 더 많은 신용부도스와프 보장을 샀다.

미국 정부는 신용부도스와프로 돈을 너무 잃은 AIG에 218조 원을 투입해 국유화했다. 그 돈은 모두 세금이었다. 그 와중에 회사를 부도낸 AIG의 트레이더와 경영진은 2009년 3월 1조 4,000억 원의 성과급을 받아갔다. 이전에 몇 년간 받은 성과급과 연봉은 물론 별개였다.

7장

돈이 될 길목을 찾아 자리를 잡는다

길목 지키기와 알 박기

1803년에 독일 바덴에서 태어난 요한 수터는 21세 때부터 스위스의 옷 가게에서 점원으로 일했다. 이듬해에 돈 많은 미망인의 딸과 결혼한 그는 돈을 버는 쪽보다 쓰는 쪽에 관심이 더 많았다. 그러다가 빚이 늘면서 감옥에 갈 처지가 되자, 1834년 이름을 존 서터로 바꾸고 미국으로 도망갔다.

하와이를 포함해 아메리카 전역을 떠돌던 서터는 1839년 캘리포니아를 흐르는 새크라멘토강 옆에 정착 요새를 건설했다. 그는 한때 스위스 용병대장이었다는 이력에 걸맞게 요새 이름을 '뉴스위스'라고 지었다. 당시 캘리포니아 전체는 멕시코 영토였다. 하지만 1846년 미국군은 캘리포니아를 점령해 자국 영토로 만들어버렸다.

1848년 서터가 고용한 목수 제임스 마셜이 뉴스위스의 도랑에서 빛나는 물체를 발견했다. 서터는 마셜이 발견한 돌이 금이라는 것을 깨달았고, 이 소식이 알려지면 사람들이 몰려들어 뉴스위스의 마을 확장에 제약이 생길 것이라 생각해 비밀에 부쳤다.

비밀은 지켜지지 않았다. 뉴스위스에서 잡화점을 하던 새뮤얼 브래넌은 마셜이 금으로 물건값을 치르는 것을 놓치지 않았다. 브래넌은 샌프란시스코에서 발행되던 캘리포니아 최초의 신문 『캘리포니아 스타』의 발행인이기도 했다. 금 발견 기사가 나간 것은 아니었다. 신문사의 모든 기자가 이미 회사를 그만두고 금 찾으러 떠난 뒤라 기사를 쓸 사람이 없었다.

1849년 소문이 퍼지면서 미국 전역은 물론 전 세계에서 금으로 한몫 잡으려는 사람들이 구름 떼처럼 뉴스위스에 몰려들었다. '골드러시'였다. 이들을 가리켜 1849년에 온 사람이라는 의미에서 '포티나이너스'라는 신조어가 생길 정도였다.

처음 금을 발견한 마셜과 서터는 그 뒤로 어떻게 되었을까? 엄청난 양의 금을 먼저 모아 거부가 되었을 듯싶다. 하지만 현실은 예상과 다르게 흘러갔다. 마셜의 제재소는 일할 사람이 없어서 즉시 망했다. 1857년에 마셜이 새로 지은 포도원은 약간의 성공을 거두었다가 1860년대 말 결국 망해버렸다. 이어 그는 금광 회사의 파트너가 되었지만 금광을 찾는 데 실패했다.

서터는 마셜보다도 더 비참한 처지가 되었다. 빚을 갚느라 뉴스위스를 팔았을 뿐 아니라 포티나이너스가 자신의 농장을 제멋대로 파헤치는 꼴을 지켜봐야 했다. 1855년 서터는 캘리포니아법원에서 강도떼를 자신의 땅에서 쫓아낼 수 있는 권리를 인정받았다. 그러자 포티나이너스는 법원과 농장에 불을 지르는 것으로 응수했고, 이들의 폭동으로 서터는 세 아들을 잃기까지 했다. 서터는 캘리포니아가 멕시코의 영토였던 시절 확보했던 땅의 소유권도 1858년 미국 연방대법원에서 인정받지 못했다. 남은 일생 동안 그는 미국 의회로부터 손실보상을 받으려고 노력했지만 실패했다. 결국 무일푼의 늙은이로 살다가 1880년 세상을 떠났다.

돈을 불린 사람은 따로 있었다. 브래넌의 잡화점은 "샌프란시스코와 금광 사이에 위치한 유일한 상점"이었다. 포티나이너스는 사금 채굴에 필요한 곡괭이와 삽 그리고 냄비를 이곳에서 샀다. 240원에 사 온 냄비를 18,000원에 판매해도 진열 즉시 매진되는 바람에 없어서 못 팔 지경이었다. 브래넌의 잡화점은 매달 1억 8,000만 원 이상의 매출을 올렸다.

이런 쪽으로 브래넌이 최고는 아니었다. 서터의 출생지인 독일에서 태어난 또 다른 한 사람은 포티나이너스가 입을 튼튼한 바지를 만들어 팔았다. 그의 회사는 2021년 매출 6조 원을 기록했고 시총은 9.5조 원이었다. 바로 청바지 리바이스의 창업주 리바이 스트라우스였다.

♠

이 이야기는 엄밀히 말해 금융시장에서 돈을 불린 사례는 아니 다. 대신 돈을 불릴 수 있는 또 다른 방법을 잘 보여준다. 바로 '길 목 지키기'다. 금융시장에서도 길목 지키기로 돈을 불리는 것이 얼 마든지 가능하다.

길목 지키기는 말 그대로 돈이 될 만한 길목을 지키는 일이다. 비유하자면 사냥감이 지나가기 쉬운 곳에 덫을 놓고 기다리는 것이 다. 사냥감이 덫에 걸려들면 한몫 잡는다. 물론 사냥감이 나타나 지 않으면 헛수고다. 즉 길목 지키기는 모 아니면 도의 이분법 내 기 구조를 갖고 있다.

길목은 여러 가지의 맥락으로 존재할 수 있다. 한 가지 예를 들 어보자. 거의 모든 상장사의 경영진은 버핏의 버크셔가 자사의 주 식을 사주기를 기대한다. 버크셔가 새로운 주식을 샀다는 소식이 알려지면 그 소식만으로도 해당 주가는 더 오른다. 버핏을 따라 일 단 사는 수많은 추종자가 있기 때문이다. 연구 결과에 의하면 버크 셔가 산 주식의 주가는 매입 소식이 알려진 당일에 주가지수보다 평균적으로 3.1퍼센트 더 올랐다. 이름하여 '버핏 효과'다.

버핏 효과가 있기에 버핏이 살 만한 주식을 찾아서 미리 사두는 것도 하나의 돈 불리기 방법이 될 수 있다. 버핏이 지나갈 길목에 미리 자리 잡고 있는 셈이다.

혹시 평균 3.1퍼센트라는 수익률 차이가 별것 아니라고 생각한다면 오산이다. 이 수치는 일간 수익률이기 때문이다. 365일 중에서 휴일을 제외하고 260일의 영업일이 있다고 가정할 때 단리로 매일 3.1퍼센트씩 수익을 쌓으면 1년 만에 불어난 돈은 원금의 8배가 넘는다. 혹은 더 현실적으로 복리로 매일 3.1퍼센트씩 이익을 내면 1년 만에 1억 원의 돈이 2,800억 원 이상으로 불어난다.

물론 이러한 버핏 효과를 뛰어넘는 것이 있다. 바로 주가지수에 포함되는 일이다. 가령 미국 주식시장을 대표하는 주가지수 스탠다드 앤드 푸어스 500에 새로운 주식이 포함되면 무슨 일이 벌어질까? 실제로 해당 주식의 주가는 뉴스가 발표된 하루 동안 주가지수 자체보다 평균 4.1퍼센트 더 올랐다. 말하자면 '주가지수 효과'가 버핏 효과를 능가한 것이다.

왜 이런 일이 벌어지는 것일까? 자산운용사가 운용하는 이른바 인덱스펀드 혹은 패시브펀드는 펀드매니저의 체리피킹 없이 충실하게 주가지수만 따라가도록 운용된다. 주가지수에 속한 개별 종목별 시총 비율대로 주식을 산다는 뜻이다. 그렇기에 새로운 종목이 주가지수에 포함되면 비율을 맞추기 위해 갑작스레 해당 종목을 대량으로 사지 않을 수 없다. 이는 곧 주가의 급등을 불러온다.

체리피킹을 하는 일명 액티브펀드도 사정은 의외로 다르지 않다. 액티브펀드도 주가지수를 벤치마크 삼아 추가 성과, 즉 알파를 냈는지를 평가한다. 많은 액티브펀드는 주가지수대로 짠 포트폴리오에 약간의 변화를 주는 수준으로 운용한다. 그런 만큼 새로운 종목이 주가지수에 포함되면 액티브펀드도 패시브펀드처럼 대개는 해당 종목을 산다.

그 결과 미국 주식시장의 전체 거래량에서 스탠다드 앤드 푸어스 500이 차지하는 비중은 80퍼센트 선이다. 또한 주가지수 구성 변경이 발표되는 날은 통상적인 날에 비해 거래량이 2배에서 5배 사이로 커진다. 즉 주가지수에 포함될 주식을 사놓을 수 있다면 버핏 저리 가라 할 길목에 자리 잡게 되는 셈이다.

모든 일이 그렇듯이 주가지수 효과와 버핏 효과가 밝은 면만 있는 것은 아니다. 지수에 포함되었거나 버핏이 샀다는 이유만으로 주가가 급등했다면 반대로 지수에서 빠지거나 버핏이 팔았다는 이유만으로 주가는 급락한다. 이럴 때는 늦지 않게 가진 것 이상으로 공매도를 해야 한다.

길목 지키기로 한 건 제대로 올린 사례를 하나 살펴보자. 1892년 함경북도 부령에서 태어난 김기덕은 자동차로 50분 거리에 있는 경성 함일학교에서 공부했다.

1910년, 대한제국이 일본에 병합된 후 김기덕은 청진에서 일본 상선회사의 측량기사로 일하며 일본어 공부에 열중했다. 1913년에 오사카로 건너간 뒤에는 당시 시대 상황에 발맞춰 "내지에서 내지인을" 상대하는 소양을 길렀다. 그리고 1915년에 고향으로 돌아와 한국의 곡물과 목재를 러시아에 팔고 러시아 연해주의 해산물과 잡화를 한국에 팔면서 큰돈을 모았다.

김기덕은 보통의 사업가가 아니었다. 실물을 사고파는 것은 돈이 되기는 했지만 시간이 걸렸다. 다른 나라의 돈을 사고파는 것이 시간이 더 짧았다. 게다가 돈을 빌려서 하면 더 빨리 돈을 불릴 수 있었다. 요즘 말로 '외환마진거래'에 눈을 뜬 셈이었다.

미국 달러·러시아 루블 환율은 1897년부터 1.945로 고정되어 있었다. 당시 루블은 금과 지정된 값으로 교환이 되는 통화였다. 1914년 7월에 발발한 제1차 세계대전에서 러시아군은 초반 타넨베르크와 마수리안호 근방에서 독일군에 연달아 패했다가 이어진 갈라치아전투에서 오스트리아·헝가리군에 승리를 거두며 전선을 안정시켰다. 그러나 1915년 고를리체-타르누프에서 독일군에 패하며 다시 수세에 몰렸다. 1916년 2월까지 달러·루블 환율은 3.2까지 치솟았다.

1916년 6월, 러시아군은 알렉세이 브루실로프의 지휘 아래 공세에 나섰다. 전투가 벌어진 곳은 오늘날의 우크라이나 서부였다.

길목 지키기와 알 박기

러시아군은 최소 50만 명 이상의 사상자를 냈지만 독일, 오스트리아·헝가리, 오스만튀르크 동맹군을 상대로 100만 명에 육박하는 손실을 입혔다. 이후 오스트리아·헝가리의 전쟁 수행 능력은 눈에 띄게 약화되었다. 게다가 그동안 눈치만 보던 루마니아가 브루실로프의 공세 성공에 자극을 받아 1916년 8월 러시아 편에 서서 참전했다.

이러한 전세의 변화에 고무된 김기덕은 러시아의 전쟁 승리 가능성을 높게 봤다. 실제로 1916년 2월 이래 달러·루블 환율은 살짝 반등하는 기미를 보였다. 러시아가 전쟁에 승리해 루블 환율이 전쟁 이전으로 돌아간다면 레버리지 없이도 돈을 60퍼센트 이상 불릴 수 있었다. 김기덕은 루블화에 막대한 롱 포지션을 구축했다.

김기덕의 베팅은 방향과 시점 양면으로 최악이었다. 1917년 3월, 러시아혁명이 일어나며 러시아 황제가 쫓겨났다. 이어 11월 볼셰비키혁명을 일으킨 레닌이 1918년 3월 독일과 브레스트리토프스크조약을 맺어버렸다. 전쟁을 중단하는 대신 폴란드와 우크라이나 등을 독일에 넘기고 배상금까지 주는 굴욕적인 조건이었다. 달러·루블 환율은 볼셰비키혁명 때 7.8이 된 데 이어 브레스트리토프스크조약 전에 15를 넘기고는 거래가 사실상 중단되었다. 김기덕은 완전히 쪽박을 찼다.

그렇다고 김기덕이 끝난 것은 아니었다. 이순신에게 열두 척의 배가 남았듯이 김기덕에게는 최후의 보루가 있었다. 바로 내지인

7장 | 돈이 될 길목을 찾아 자리를 잡는다

과의 끈끈한 관계였다. 1924년, 한국은행의 전신 조선은행은 김기덕에게 500,000원을 빌려주었다. 조선은행의 중요한 자리는 물론 일본인 차지였다.

당시 500,000원은 어느 정도의 가치였을까? 1920년대에는 100원으로 약 6,000제곱미터의 논을 살 수 있었다. 또 1927년에 숙명여고를 졸업하고 곧바로 조선은행에 들어간 사람의 연봉이 360원이었다. 즉 은행원이 1389년간 한 푼도 쓰지 않고 모아야 하는 돈이었다. 오늘날 돈으로 제곱미터당 50,000원이라 가정하면 당시 500,000원은 3조 원에 해당한다.

한편 대한제국을 삼킨 일본의 다음 목표는 간도, 즉 만주였다. 만주 식민화의 주체는 일본이 세운 남만주철도주식회사, 만철이었다. 한반도와 만주를 관통하는 철도의 건설은 만철의 중요한 사명이었다. 만철이 전략적인 요충지를 연결하는 철도를 설치하면 그 철도를 따라 일본의 관동군 병력이 쏟아져 들어갈 예정이었다.

1931년 9월, 관동군은 남만주철도가 중국에 공격받았다는 자작극을 벌이고 곧바로 본격적인 만주 침략에 나섰다. 이른바 만주사변의 시작이었다. 만철은 오랫동안 검토해오던 일명 길회선의 건설을 드디어 결정했다. 만주의 지린과 함경북도 회령을 연결하는 길회선은 황해와 랴오둥반도의 다롄을 거치는 '황해항로'와 부산과 신의주를 거쳐 만주 셴양으로 연결되는 일명 '조선철도'를 대신할 수 있는 가장 짧고 빠른 수송로가 될 터였다.

길목 지키기와 알 박기

길회선이 진즉에 건설되지 않았던 이유는 회령에 연결할 동해안의 항구가 마땅치 않아서였다. 1925년 만철은 함경북도의 청진, 웅기, 나진 세 곳을 길회선 종단항 후보지로 선정했다. 청진은 셋 중 가장 컸지만 청어와 정어리 잡이 고깃배를 위한 어항으로 개발되어 항구가 작았다. 웅기는 중국과 러시아를 견제하기 위한 군항이라 항만시설은 신식이었지만 물살이 세고 항만이 협소했다. 나진은 항구의 입지 조건은 좋았지만 전체 인구가 100명이 안 되는 어촌이었다. 최종 결정된 종단항은 회령과 철도로 연결할 계획이었다. 1932년 5월 11일, 만철은 길회선의 종단항으로 나진을 골랐다. 대중에게 발표할 시점은 8월 23일이었다. 나진의 선정은 예상 밖의 일이었다. 청진이나 웅기가 선택될 가능성이 높다고 보고 양 지역의 땅을 사들였던 사람이 많았다. 그들의 베팅은 빗나갔다. 공황에 빠진 청진 주민들은 매일 '종단항 탈환' 집회를 열기도 했다. 1,000만 제곱미터 이상의 청진 땅을 사서 갖고 있던 김 씨는 "종단항, 종단항"을 부르짖다 3일 만에 숨졌다.

나진은 '동해의 다롄' 혹은 '조선의 경제 수도'로 위상이 급상승했다. 나진의 땅값은 퀀텀 점프했다. 당시 발행되던 잡지 『동광』의 기사에 따르면 10,000제곱미터에 60원으로 살 수 있던 땅이 60,000원이 되었다. 1,000배가 뛴 것이었다. 한국은 물론 일본, 만주, 대만에서 투기꾼과 브로커가 나진으로 몰려들었다. "여관마다 대만원. 거리에는 밤낮없이 눈뜨고 보기 어려운 실로 공전의 대

7장 | 돈이 될 길목을 찾아 자리를 잡는다

활기!"가 펼쳐졌다. 어떤 땅은 하루에 10여 차례 주인이 바뀌기도
했다.

김기덕은 어땠을까? 그는 누구보다 빠르게 움직였다. 조선은행
에서 빌린 돈으로 1924년에 나진 땅을 사놓은 상태였다. 그가 가
진 나진 땅은 500만 제곱미터에 달했다. 김기덕은 나진항을 감
싸는 돌섬 대초도 260만 제곱미터와 소초도 130만 제곱미터도
30,000원에 사들였다. 웅기 땅도 1,000만 제곱미터를 사서 갖고
있었다. 한마디로 제대로 길목을 지킨 셈이었다.

김기덕이 길목 지키기로 불린 돈은 얼마일까? 웅기 땅을 제외
하고 나진 땅만 계산해도 5,400만 원이었다. 조선은행에 빌린 돈
을 갚고도 5,350만 원이 남았다. 김기덕은 을사오적, 정미칠적, 경
술팔적이라는 유일무이한 트리플 크라운을 달성하고 일본 후작
이 된 이완용과 동학농민혁명 때 청의 신하를 자처하고도 나중에
경술국치를 떠들고 다녀 일본 자작에 봉해진 대정친목회 고문 민
영휘보다도 돈이 많았다. 이완용의 재산은 300만 원이었고, 민영
휘는 제일 많았을 때가 4,000만 원, 1935년 죽을 때 남긴 유산이
1,200만 원이었다.

김기덕은 운도 좋았지만 연줄이 좋았다. 1932년 11월, 만철은
나진의 반 정도를 종단항 발표 이전의 땅값으로 수용하기로 결정
했다. 중간에 손 털고 나오지 않고 나진 땅을 계속 쥐고 있었다면
하루아침에 망하는 것이었다. 김기덕이 소유한 간의동과 신안동

등은 수용 대상지에서 빠졌다.

♠

　금융에서 길목 지키기를 할 만한 또 다른 경우는 경영권을 두고 분쟁이 생길 가능성이 높은 회사다. 이런 회사는 최대주주의 지분율이 높지 않다는 공통점을 갖고 있다. 그러한 회사의 주식을 갖게 된다면 향후 상당한 프리미엄을 받고 되팔 개연성이 크다. 설령 양측 간의 위임장 대결 같은 극단적인 상황까지 가지 않더라도 경영권 안정을 목표하는 최대주주 측에게 짭짤한 돈을 받고 넘길 수도 있다. 이때의 리스크는 물론 아무런 분쟁이 생기지 않는 경우다.

　사실 버핏이 1962년에 버크셔 해서웨이의 주식을 처음 사들였을 때 가졌던 생각이 바로 이것이었다. 버크셔가 경영권 분쟁 상황에 놓여 있던 것은 아니었다. 버핏 자신이 바로 경영권 분쟁의 당사자였다. 초창기 버핏과 같은 기법으로 돈을 불리는 사람을 가리켜 '그린메일러'라고 부른다.

　원래 영어에 블랙메일이라는 단어가 있다. 중세 잉글랜드와 스코틀랜드 사이 국경에 살던 씨족은 근처에 사는 농민을 무력으로 괴롭혔다. 농민은 화를 면하기 위해 씨족에게 물건이나 노동 혹은 은을 바쳤다. 전자를 블랙메일, 후자를 화이트메일이라고 불렀다. 여기서 메일은 지대나 공물을 뜻하는, 편지와는 철자가 다른 별개의 단어였다.

그린메일은 값진 걸 내놓기를 강요한다는 면에서 블랙메일과 공통점이 있다. 차이점은 빼앗는 대상이었다. 미국이 중앙은행인 연방준비제도를 만들기 전에 발행했던 지폐는 뒷면 색깔이 녹색이라 그린백이라는 별명으로 불렸다. 즉 그린메일의 그린은 돈을 뜻했다.

말하자면 그린메일은 순수한 의미의 길목 지키기와는 조금 달랐다. 그린메일의 길목 지키기는 사냥감이 나타나기를 단순히 기다리는 것이 아니었다. 그보다는 사냥감이 내가 있는 곳으로 어쩔 수 없이 오게 만드는 것이었다.

그렇다면 그린메일의 마에스트로는 누구였을까? 가장 유명한 사람은 티 분 피켄스다.

1928년 미국 오클라호마에서 태어난 피켄스는 키가 173센티미터였지만 텍사스에이엔드엠대학 농구선수로 뛰었다. 대학 졸업 후 필립스석유에서 3년, 프리랜서 유전 탐사인으로 2년간 일한 뒤 1956년에 메사석유를 세웠다. 메사석유는 1980년대 초반 주요한 독립 정유사로 이름을 올릴 만큼 성장했다.

피켄스는 경쟁 정유사의 인수 시도를 자주 했다. 파이오니어석유 같은 곳은 인수하는 데 성공했지만 많은 시도가 중도에 그쳤다. 그는 자신의 첫 직장 필립스석유와 76이라는 상호로 잘 알려진 캘리포니아연합석유, 즉 유노칼도 인수하려 한 바 있었다.

피켄스의 가장 유명한 거래는 걸프오일이었다. 걸프는 서구의 정유업계를 나눠 먹는 이른바 '일곱 자매' 중 하나였다. 일곱 자매는 모두 존 록펠러의 스탠더드오일이 셔먼 반독점법에 의해 갈라진 회사였다. 보다 구체적으로 걸프의 최대주주는 앤드루 멜론 일가였다. 걸프는 미국에서 다섯 번째로 큰 정유사였고 메사는 아흔두 번째에 불과했다. 피켄스는 자신을 골리앗인 일곱 자매에게 돌팔매질을 하는 다비드에 비유했다.

1983년 봄, 피켄스는 상장시장에서 걸프의 주식 4.9퍼센트를 샀다. 5퍼센트가 넘어가면 주식 보유 사실을 10일 이내에 공시해야 했다. 그는 5퍼센트를 넘기자마자 더 빠른 속도로 주식을 샀다. 1983년 10월 공시 시점까지 그의 지분율은 11퍼센트가 되었다. 이는 최대주주인 멜론 일가보다도 더 높은 지분율이었다.

걸프의 경영진과 이사회는 피켄스의 시도에 온갖 수단을 동원해 저항했다. 가령 델라웨어는 미국에서 경영진에게 가장 유리한 법률과 제도를 가진 주였다. 그들은 본사를 델라웨어로 옮기고 피켄스에게 유리할 수 있는 정관의 조항도 고쳤다.

걸프의 주가는 피켄스가 나타나기 전까지 과거 10년간 40,000원 선에서 유지되었다. 피켄스는 주당 66,000원에 걸프 주식을 사겠다고 공개매수에 들어갔다. 공개매수는 현재의 주가보다 높은 가격을 제시하며 주식을 사겠다고 공개적으로 입찰하는 방법이었다. 그러자 또 다른 독립 정유사 아르코도 84,000원에 공개매수를 선언했다. 피켄스는 굴하지 않고 공개매수 가격을 올렸다.

1984년 마침내 걸프의 언니 중 하나인 캘리포니아스탠더드오일, 즉 쉐브론이 나섰다. 쉐브론은 주당 96,000원에 걸프를 인수하겠다고 발표했다. 피켄스는 사 모았던 걸프 주식 전체를 쉐브론에 순순히 넘겼다. 이로써 그는 9,000억 원이 넘는 돈을 불렸다.

크게 보면 길목 지키기에 속하지만 특별히 다른 이름으로 불리는 돈 불리기 방법이 있다. 바로 알 박기다. 즉 알 박기는 길목 지키기의 한 가지 종류다.

이 용어는 부동산시장에서 유래되었다고 한다. '알을 땅에 묻어두었더니 황금이 되었다'는 옛날이야기에서 유래했다는 말이 전해지나 그 근거를 찾기란 쉽지 않다. 오히려 바둑에서, 허허벌판이나 귀에 한 수 둬 놓고 후일을 도모하는 것을 가리키는 데서 유래했을 가능성이 더 크다.

과거에는 토지개발사업을 하려면 목표하는 땅 100퍼센트의 소유권을 가지고 있어야 했다. 대상 지역의 손바닥 만한 땅을 가진 사람이 부동산 회사에 팔지 않고 버티면 개발이 아예 불가능했다. 그래서 부동산 회사는 마지못해 시세의 수 배 혹은 그 이상의 돈을 주고 사들이곤 했다. 부동산 회사에는 큰 손실이지만 버틴 땅 주인

길목 지키기와 알 박기

에게는 돈벼락이었다. 한마디로 알 박기는 가능성이 그렇게 높지 않은 대박 기회를 노려 약간의 돈으로 전략적인 자리에 위치하는 걸 가리킨다.

알 박기로 유명한 나라는 어디일까? 이런 쪽으로는 중국을 빼놓을 수 없다.

중국에서는 알 박기를 가리켜 딩쯔후钉子户라고 부른다. 해당 한자를 한국어로 읽으면 정자호다. 정자는 못이요, 호는 집이다. 즉 딩쯔후는 '못 집'이다. 못처럼 불쑥 나 홀로 튀어나온 집이라는 뜻이다. 중국에서는 땅 주인이 토지수용을 거부하고 버티면 그 땅만 빼고 둘러싼 나머지 땅을 개발해버린다. 결과적으로 알 박기한 집은 망망대해에 홀로 있는 섬처럼 된다. 그래서 중국에서는 알 박기를 잘못하면 바보가 되고 만다.

그러면 알 박기는 아시아에만 있는 방법일까? 그렇지 않다. 돈 불리기를 바라는 건 전 세계 공통이다. 동양은 물론이고 서양에도 알 박기가 있다. 영어 단어 '홀드아웃'*은 정확하게 알 박기를 의미한다.

부동산 알 박기로 유명한 사례를 하나 살펴보자. 1923년 미국에서 태어난 베라 코킹은 39세 때인 1961년 뉴저지 애틀랜틱시티에 있는 방 29개짜리 삼층집을 2,400만 원에 샀다. 애틀랜틱시

★ holdout.

티는 미국 동부의 라스베이거스라고 불리는 카지노 도시였다.

1970년대에 코킹에게 12억 원을 줄 테니 집을 팔라는 사람이 나타났다. 성인잡지 『플레이보이』의 가장 큰 라이벌인 『펜트하우스』를 창간한 밥 구초네였다. 직접 거주하면서 하숙집을 운영했던 코킹은 구초네의 제안을 거절했다.

1978년 구초네는 코킹의 집만 빼고 주변을 사들여 카지노 호텔을 짓기 시작했다. 하지만 건축비가 떨어지면서 호텔 건설은 1980년에 중단되었다.

1993년 새로운 구매 희망자가 나타났다. 도널드 트럼프였다. 애틀랜틱시티에 3개의 카지노 호텔을 갖고 있던 트럼프는 구초네의 땅을 먼저 샀다. 그런 후 코킹의 집 위치에 리무진 전용 주차장을 만들려고 했다. 코킹은 팔 이유가 없었다. 애틀랜틱시티는 트럼프 편을 들었고, 트럼프는 토지 강제 수용권을 행사했다. 코킹이 받게 될 돈은 3억 원이었다. 코킹은 트럼프를 "구더기, 바퀴벌레, 인간쓰레기"로 지칭하며 소송으로 맞섰다. 1998년 미국 연방지방법원은 코킹의 손을 들어주었다.

그사이 트럼프는 부도가 가까운 자기 소유의 호텔들을 자기가 세운 회사 트럼프호텔앤드리조트에 파느라 바빴다. 회사는 높은 이자율로 채권을 새로 발행해 빌린 돈을 트럼프에게 주었다. 트럼프는 그 돈 중 일부로 개인 빚을 갚았다. 회사는 2004년, 2009년, 2014년에 연달아 부도를 냈다. 그 와중에 회사는 트럼프의 이름을 쓴다는 명목으로 트럼프에게 고액의 관리비와 성과급을 매년 지급했다. 그것으로도 모자랐던지 트럼프는 회사에 소송을 걸어 돈을 요구했다. 트럼프타지마할호텔의 허름한 외관이 자신의 명예를 실추시킨다는 이유였다.

코킹과 함께 버티던 두 명의 집주인은 결국 트럼프에게 집을 팔았다. 식당을 하던 사람은 25억 원을, 전당포를 하던 사람은 14억 원을 받았다. 이들의 땅은 트럼프 카지노의 택시 정류장 옆에 위치한 잔디밭의 일부가 되었다.

2010년 코킹은 집의 소유권을 딸에게 넘기고 샌프란시스코 근처 양로원에 들어갔다. 그녀 나이 88세 때였다. 이듬해 코킹의 딸은 물려받은 집을 60억 원에 팔겠다고 내놓았다. 2013년 그녀의 호가는 12억 원으로 내려갔다. 2014년 7월, 마침내 집의 주인이 바뀌었다. 경매로 집을 산 사람은 유명한 기업 사냥꾼 칼 아이컨이었다. 낙찰가는 7억 원이었다. 아이컨은 트럼프 회사에 빌려준 돈이 있었다.

코킹의 집은 결국 트럼프의 손에 들어갔을까? 아니었다. 집 주변의 트럼프플라자호텔은 2014년 9월 문을 닫았다. 그 호텔은 2021년 2월에 아예 철거되었다.

♠

앞서 살펴본 사례는 우리에게 영감을 준다. 금융에서도 실제로 알 박기가 얼마든지 가능하다. 그렇다면 금융의 알 박기는 어떻게 하는 걸까?

한 가지 방법은 부도가 난 채권과 관련 있다. 부도가 나면 원칙적으로는 파산절차를 밟는다. 이때 파산을 하게 되면 둘 중 하나다. 채무자의 남은 돈이 갚을 돈보다 많으면 먼저 갚을 돈을 다 갚고 남는 돈을 주주들이 비율대로 나눠 갖는다. 만약 남은 돈이 아예 없으면 주주는 물론이고 돈을 빌려준 사람도 돈을 모두 잃는다.

다른 시나리오도 있다. 돈을 빌린 측에게 나중에라도 돈을 갚을 여력이 있다고 판단되는 경우 채무를 다시 조정해주는 것이다. 이자를 줄여준다든지 원금을 갚아야 할 시기를 더 뒤로 미뤄준다든지 하면서 말이다. 적당한 자산이 있다면 이를 팔아서 일부라도 현금을 마련하는 방안도 대개 포함된다. 채무조정이 되면 돈을 빌린 회사는 파산되는 걸 면할 수 있다.

채무조정이 이루어지는 한 가지 이유는 돈 빌린 측의 남은 돈이 갚을 돈보다 모자라기 때문이다. 돈을 빌려준 은행 등은 이른바 파리파수,* 즉 권리의 우선순위가 같다. 그렇기에 청산을 하고 싶어

★ pari passu.

도 하는 것이 불가능하다. 거의 모든 국가의 법은 순위가 같은 채권자 모두가 돈을 돌려받을 수 있지 않으면 일부만 먼저 돈을 돌려받는 것을 허용하지 않는다.

예를 들어, 회사 알파가 은행 브라보에게 6억 원, 찰리에게 3억 원, 델타에게 1억 원을 빌렸다. 알파가 가진 돈은 5억 원이 전부다. 이때 파리파수인 브라보, 찰리, 델타 중 어느 누구도 5억 원에 먼저 손댈 수 없다. 받을 돈이 제일 많다거나 혹은 먼저 돈을 빌려주었다거나 하는 이유로 먼저 돈을 돌려받을 수 없는 것이다.

금융의 대표적인 알 박기는 바로 이러한 부실채권을 사는 것이다. 부도가 난 채권은 통상 원금의 몇 퍼센트 가격으로 살 수 있다. 이때 채권자의 일정 비율 이상이 동의하지 않으면 채무조정안이 통과되지 않는다. 채무조정안이 통과되지 않으면 원금을 빌려주었던 채권자는 원금 자체를 잃는다. 애초의 채권자는 채무조정안을 통과시켜 늦게라도 일부나마 되돌려받기를 원한다.

알 박기를 한 사람의 입장은 애초의 채권자와 다르다. 채무조정이 안 되면 애초의 채권자와 마찬가지로 돈을 잃지만 잃는 돈은 부실채권을 사는 데 쓴 원금의 몇 퍼센트에 불과하다. 만약 채무조정이 이뤄지면 들인 돈을 몇 배로 불리기는 어렵지 않다. 게다가 채무조정안에 동의하지 않은 채로 채무조정안이 통과되면 부실채권을 산 사람은 원금과 이자를 돌려받을 권리를 그대로 유지한다. 알 박기를 하는 이유가 바로 이 때문이다.

금융의 알 박기로 유명한 사례를 하나 살펴보자. 아르헨티나는 원래 돈이 많은 나라였다. 나라 이름 자체가 '은의 나라'일 정도로 은이 많이 났다. 심지어 1896년 아르헨티나의 일인당 국내총생산은 미국보다 컸다. 20세기 초반에는 전 세계에서 일곱 번째로 부유한 나라였다.

그런 아르헨티나에 군부는 암적 존재였다. 군부는 자신들의 기득권이 위협받는다고 느끼면 어김없이 무력을 휘둘렀다. 1955년, 1966년, 1976년에 군부는 쿠데타로 정권을 잡았다. 로베르토 비올라와 레오폴도 갈티에리가 이렇게 등장한 독재자였다. 이들은 미국과 손잡고 반대파를 무자비하게 잡아 죽이는 일명 '더러운 전쟁'을 수행했다. 1982년, 갈티에리는 영국을 상대로 포클랜드전쟁을 일으켰다가 져서 결국 쫓겨났다.

부패는 쉽게 사라지지 않았다. 소수의 기득권이 국가의 자산을 외국에 넘기고 부귀영화를 누리는 일은 지속되었다. 1998년 국제금융위기에 아르헨티나는 견딜힘이 없었다. 2001년 12월, 아르헨티나는 미국 달러로 빌린 98조 원어치의 국가 빚을 갚지 못한다고 선언했다.

국가가 빌린 돈을 갚지 못하는 경우는 기업의 상황과 엄연히 다르다. 국가를 청산시킬 방법은 존재하지 않는다. 국가의 부실채권은 채무조정을 거칠 수밖에 없다.

2005년 1월, 아르헨티나 국채 채권자들은 채무조정안을 내놓았다. 채무조정안의 핵심은 원금의 약 30퍼센트를 나중에 돌려받는 것이었다. 이때 채권액의 약 76퍼센트에 해당하는 65조 원어치의 채권을 가진 채권자들이 채무조정안에 동의했다. 2010년 4월, 16조 원어치의 채권을 가진 채권자들이 비슷한 수준의 채무조정안에 추가로 동의했다.

채무조정안에 동의하지 않고 버틴 곳은 모두 헤지펀드였다. 이들은 아르헨티나 국채를 부도난 후에 헐값에 사들였다는 공통점이 있었다. 이들이 보유한 아르헨티나 국채의 원금 총액은 애초의 7퍼센트인 약 7조 원이었다. 헤지펀드들은 국채에 명시된 대로의 원금과 이자를 받겠다고 소송을 제기했다.

대표적인 곳이 폴 싱어가 세운 엘리엇매니지먼트였다. 1944년 미국 뉴저지에서 태어난 싱어는 하버드대 로스쿨을 나온 변호사로, 투자은행 도널드슨러프킨앤드젠레트에서 3년간 일한 뒤 가족과 친지에게 받은 16억 원의 돈으로 1977년에 엘리엇을 세웠다. 엘리엇의 미국 외 운용은 케이맨제도에 세운 엘리엇의 자회사 엔엠엘캐피털이 수행했다.

싱어는 아르헨티나 사태 이전에 이미 비슷한 경험을 한 적이 있었다. 1996년 그의 회사 엘리엇은 137억 원을 들여 부도난 페루 국채를 샀다. 이어 원금과 이자를 다 받겠다고 페루 정부를 상대로 소송을 했다. 게다가 페루의 일본계 독재자 알베르토 후지모리가 도망치려 하자 그의 비행기를 압류했다. 후지모리는 싱어가 원하는 대로 700억 원을 주고서야 일본으로 도망칠 수 있었다.

엔엠엘은 액면가가 7,600억 원인 아르헨티나 부도국채를 샀다. 영국의 하급법원은 액면 그대로 돈을 받겠다는 엔엠엘의 요구를 받아들이지 않았다. 다른 채권자들이 거의 대부분 채무조정안에 동의를 했고 국가는 채무이행을 강제하기 어려운 특수한 존재라는 이유였다. 항소한 싱어는 영국 대법원으로부터 영국에 있는 아르헨티나 자산을 압류할 수 있는 권리를 인정받았다. 또 가나 법원에 제소해 가나에 기항 중인 아르헨티나 국적의 배를 압류하려고 시도했지만 국제해양법재판소*는 싱어의 패소를 판결했다.

그럼에도 싱어는 포기를 몰랐다. 똑같은 소송을 미국 법원으로 끌고 갔다. 2014년 3월, 싱어는 일론 머스크의 우주 운송 서비스 기업 스페이스엑스를 상대로 소송을 냈다. 스페이스엑스가 우주로 운반할 2기의 아르헨티나 인공위성을 압류하기 위해서였다. 판결은 어떻게 났을까? 싱어의 패소였다.

2014년 6월, 미국 연방대법원은 원금과 이자를 다 받아야 한다는 엔엠엘의 권리를 인정했다. 2016년 2월, 마침내 아르헨티나는 엔엠엘을 포함한 4곳의 헤지펀드에게 5조 6,000억 원을 주기로 합의했다. 엔엠엘은 연 101퍼센트까지도 올라갔던 이자율을 감안해 자신이 보유한 액면 7,600억 원짜리 아르헨티나 국채로 받

★ International Tribunal for the Law of the Sea.

길목 지키기와 알 박기

을 돈이 2조 8,000억 원이라고 주장해왔다. 싱어는 2조 8,000억 원의 75퍼센트인 2조 1,000억 원을 받는 걸로 합의했다. 엔엠엘이 아르헨티나 국채를 처음에 살 때 든 돈은 액면의 약 27퍼센트, 즉 2,000억 원이 전부였다. 결과적으로 싱어는 2,000억 원을 2조 1,000억 원으로 불렸다.

이처럼 싱어가 알 박기로 돈을 불리는 데는 법원의 공헌이 지대했다. 돈을 되돌려받을 권리를 돈 빌려준 측이 시장에서 파는 행위를 법원이 인정하지 않았더라면 싱어의 돈 불리기는 원천적으로 불가능했다. 부실채권을 사들여 알 박기를 하는 엘리엇 같은 헤지펀드는 깍두기 형님들이 주로 하는 채권추심업체와 성격이 거기서 거기였다.

8장

결과를 아는 상태에서 베팅을 한다

이벤트 드리븐과 내부자거래

7장의 마지막에 나왔던 아르헨티나 부도국채 이야기는 솔깃하지만 현실성이 떨어진다. 아무리 국가부도가 났다고 해도 국채를 살려면 상당한 돈이 있어야 한다. 또 국가를 상대로 소송을 벌여 돈을 받아낸다는 게 말이 쉽지 그렇게 쉬운 일이 아니다. 더불어 국가의 심기를 함부로 건드렸다가는 갑자기 드론이 나타나 내게 미사일을 쏠 수도 있다.

보다 현실적인 대상은 역시 기업이다. 기업은 주식을 발행해 돈을 마련하고 채권을 발행해 돈을 빌린다. 그 과정에서 많은 일이

이벤트 드리븐과 내부자거래

벌어진다. 다른 기업을 인수하려고 하기도 하고 또 그러다가 잘못되어서 망하기도 한다. 모두 다 본질이 모 아니면 도인 상황이다. 이러한 상황은 돈을 불리기에 좋은 환경을 제공해준다.

회사가 겪는 특수한 사건에서 돈을 불리는 걸 총칭해 '이벤트 드리븐 전략'이라고 부른다. 아직 우리말로 널리 쓰이는 번역은 없다. 충실하게 번역하면 '사건 주도' 전략이다.

이벤트 드리븐은 다시 여러 종류로 세분화할 수 있다. 대표적인 종류가 부실증권, 리스크 차익거래 그리고 스페셜 시추에이션, 즉 '특수 상황' 등이다. 이들은 다 돈에 관한 회사의 중요 사건에서 시작된다는 공통점이 있다.

부실증권과 리스크 차익거래는 뒤에서 설명하고 여기서는 특수 상황만 간략히 살펴보자. 특수 상황은 말 그대로 회사가 겪고 있는 특수 상황을 이용해 돈을 불리는 것이다. 가령 자회사 분사, 소송, 자사주 매입, 주주 행동주의, 주주 간 갈등 등이다. 달리 말하면 특수 상황은 부도나 인수합병을 제외한 나머지 전부라고 봐도 무방하다.

먼저 부실증권을 알아보자. 말 그대로 부실증권은 부도가 가깝거나 혹은 이미 부도가 난 증권이다. 부실증권은 주식, 채권, 혹은 전환 채권까지 모든 종류의 증권을 망라한다. 전환 채권은 겉모습은 채권이지만 돈을 빌려준 사람이 원하면 미리 약속된 조건에 주식으로 바꿀 수 있는 이른바 '혼종 증권'이다. 또한 부실증권인 주식은 거래정지되었거나 상장폐지에 가까운 일명 '쓰레기 주식' 혹은 '잡주'다. 은행이나 대부업체가 돈을 빌려주었다가 받지 못하게 된 대출도 이 범주에 포함된다. 다른 말로 무수익여신이다.

부실증권을 전문으로 하는 헤지펀드는 사실 주식보다는 채권을 주로 다룬다. 주식 보유자는 회사가 청산될 때 남는 돈을 가져가는 순위가 가장 나중이기 때문에 아무래도 위험하다. 그 반면 부실채권을 잘 사들이면 그 회사의 알짜 자산을 통째로 삼킬 수 있다.

부실증권을 전문 분야로 삼는 헤지펀드를 가리키는 말이 있다. 바로 '벌처펀드'다. 벌처는 죽은 동물의 고기를 뜯어 먹고 사는 독수리를 가리킨다. 재무적인 어려움을 겪고 있는 회사를 노려 이득을 취하는 벌처펀드를 욕하는 사람이 많다. 벌처펀드는 그저 애덤 스미스의 가르침을 따를 뿐이다.

사실 벌처펀드는 이미 앞에서 한번 나왔다. 앞서 살펴본 싱어의 엘리엇매니지먼트가 벌처펀드계의 대표 격이다. 엘리엇은 한국과도 인연이 깊다. 2018년, 엘리엇은 삼성물산과 제일모직의 합병이 한국 정부의 개입으로 주주총회에서 통과되는 바람에 8,000억 원이 넘는 손해를 봤다며 소송을 낸 바 있다. 엘리엇은 국민연금이 당시 합병에 찬성표를 던진 것은 한국 정부의 지시 때문이었다고 주장했다. 엘리엇과 한국 정부의 소송은 2022년 현재도 진행 중이다.

그러면 벌처펀드는 어떻게 부실채권으로 돈을 불릴까? 부실채권계의 명가 오크트리캐피털매니지먼트를 예로 들어 설명해보자.

오크트리를 세운 핵심 인물은 하워드 막스다. 1946년 미국 뉴욕에서 태어난 막스는 펜실베이니아대학 학부와 시카고대 MBA를 마친 뒤 씨티은행에서 16년간 주식 리서치와 전환 채권 및 정크본드 매니저로 일했다.

여기서 잠깐 정크본드를 짚고 넘어가자. 정크본드의 정크는 허섭스레기, 불량, 고물 등을 뜻하는 단어다. 햄버거 같은 고열량, 저영양 음식을 지칭하는 정크푸드의 정크와 같다. 본드는 접착제이지만 마약 대용품으로도 쓰인다. 금융에서 본드는 채권을 의미한다. 돈을 빌리고 나면 딱 달라붙는 본드처럼 좀처럼 떨어지지 않는 굴레가 생김을 가리킨다.

즉 정크본드는 '쓰레기 같은 채권'이다. 부도가 날 가능성이 높아 돈을 빌리기가 쉽지 않은 회사가 굉장히 높은 이자율을 약속해 돈을 빌리는 채권이다. 그렇지 않아도 부도가 나기 쉬운 곳이 이자마저 높으니 부도 가능성은 사실 더 높아지는 셈이다. 정크본드는 말 그대로 휴지 조각이 되기 쉽다. 7장에서 트럼프호텔앤드리조트가 발행했던 채권이 바로 정크본드였다. 그 채권은 모두 휴지 조각이 되었다.

막스는 1985년 로스앤젤레스에 있는 자산운용사 티씨더블유 그룹으로 옮겼다. 씨티은행에서 익힌 정크본드 지식을 티씨더블유가 높이 산 결과였다. 티씨더블유에서 막스는 버지니아대 로스쿨을 나온 변호사 브루스 카쉬를 채용해 부실채권 펀드 운용을 맡겼다. 말할 필요도 없이 정크본드 중 상당수는 부실채권이 되었다. 엘리엇의 아르헨티나 국채 사례가 증명하듯 부실채권으로 돈을 불릴 때 소송과 법은 중요한 도구였다. 1995년 막스는 카쉬를 비롯한 4명과 함께 티씨더블유를 그만두고 오크트리를 같이 세웠다.

오크트리가 피에르푸즈의 정크본드를 사기 시작한 때는 2008년 1월이었다. 미국 오하이오에 기반한 피에르푸즈는 쇠고기와 닭고기를 가공해 판매하는 탄탄한 업체였다. 2004년 매디슨디어본파트너스는 약 5,000억 원을 들여 피에르푸즈를 샀다.

매디슨디어본은 이른바 '차입매수'를 전문으로 하는 비상장주식 펀드였다. 차입매수란 인수하려는 회사의 자산과 미래 현금 흐름을 담보로 내놓고 돈을 빌려 해당 회사를 인수하는 공격적인 금융 기법이었다. 2006년 피에르푸즈는 몸집을 불리기 위해 또 다른 식료품업체 클로버베일팜스와 자틱을 인수했다. 인수 대금의 거의 대부분은 피에르푸즈가 발행한 정크본드로 마련했다.

2007년에 접어들면서 피에르푸즈는 재무적인 어려움을 겪기 시작했다. 미국 주택시장의 버블이 터지고 자틱의 공장 한 군데에서 불이 난 탓도 있었지만 무엇보다도 빌린 돈이 너무 많아서였다.

이벤트 드리븐과 내부자거래

법인세, 이자, 감가상각비를 제하기 전 이해 1년간 피에르푸즈의 영업이익은 540억 원이었다.

2008년 9월, 오크트리는 피에르푸즈에 420억 원을 빌려주며 피에르푸즈의 파산을 신청했다. 오크트리보다 순서가 뒤인 채권자는 원금의 12퍼센트만 받고 주식 보유자는 모든 걸 잃는 오크트리의 구조조정안을 대신할 방안이 매디슨디어본과 피에르푸즈에는 없었다. 결국 오크트리는 1,200억 원의 돈으로 피에르푸즈의 주식 91퍼센트를 갖게 되었다. 또한 피에르푸즈의 빚은 감당할 만한 수준인 약 1,800억 원으로 줄어들었다. 피에르푸즈의 운영이 더 나빠지지만 않는다면 3년 이내에 원금 회수를 기대할 만한 조건이었다.

2010년 오크트리는 피에르푸즈와 알렌 및 맥로린 일가가 소유하고 있던 어드밴스푸즈의 합병을 이끌어냈다. 합병된 회사의 이름은 어드밴스피에르푸즈로 하고 대주주는 오크트리가 되는 조건이었다. 어드밴스피에르는 바버푸즈, 랜드셔, 베터베이커리, 바인랜드를 차례로 인수하며 덩치를 더욱 키웠다.

마침내 2017년 미국의 타이슨푸즈가 어드밴스피에르의 주식 전체를 현금 3.8조 원을 주고 샀다. 전 세계에서 닭고기를 두 번째로 많이 생산하는 타이슨푸즈는 환경과 동물 및 직원 복지에 개의치 않는 것으로 잘 알려진 회사였다. 어드밴스피에르의 주식 70퍼센트 이상을 갖고 있던 오크트리는 2.8조 원을 받았다. 9년 만에

1,200억 원을 약 23배로 불린 것이었다.

2020년 기준 막스의 개인 재산은 2.5조 원이다. 그의 동업자 카쉬의 재산도 막스와 똑같은 2.5조 원이다.

이벤트 드리븐에 속하는 또 다른 돈 불리기 기법은 리스크 차익거래다. 이름 짓기의 관점에서 리스크 차익거래는 좋은 점수를 받기 어렵다. 이름만 듣고서는 뭘 의미하는지 알 수 없기 때문이다. 금융에서 리스크가 없는 것은 없다.

리스크 차익거래의 다른 이름은 바로 합병차익거래다. 구체적으로 무엇을 하는 건지는 몰라도 최소한 '아, 합병과 관련한 차익거래구나' 하는 짐작은 할 수 있다.

그렇다면 합병차익거래는 어떻게 하는 걸까? 가령 회사 에코가 다른 회사 폭스트롯를 합병하기 위해 공개매수를 발표했다고 하자. 이런 경우 열에 아홉은 폭스트롯의 주가는 올라가고 에코의 주가는 내려간다.

폭스트롯 주가가 오르는 것은 이해하기에 어렵지 않다. 당장의 시세에 주식을 사서 에코에 되팔아도 돈이 남는다. 이것을 하는 사람이 많아질수록 폭스트롯 주가는 저절로 올라간다. 그 반면 에코의 주가가 내려가는 것은 살짝 뜻밖이다. 합병으로 회사의 몸집을

이벤트 드리븐과 내부자거래

키우겠다고 공개매수까지 나섰으니 에코의 주가가 올라야 할 듯 싶다. 하지만 이상과 현실은 정반대다. 역사상 인수합병을 해서 잘된 회사보다는 망가진 회사가 더 많다. 다른 회사를 사면서 무리하게 높은 값을 치르는 경우가 다반사다.

합병차익거래는 의외로 단순하다. 폭스트롯을 사고 에코를 공매도하면 그것이 바로 합병차익거래다. 여기까지 보면 앞서 살펴본 주식 롱숏과 다르지 않은 듯하다. 특히 합병을 현금으로 할 때는 더욱 그렇다. 사실 합병차익거래는 이벤트 드리븐이지만 동시에 롱숏이기도 하다. 롱숏을 하는 계기가 합병이라는 사건인 점이 중요하다.

합병차익거래는 크게 두 가지로 나뉜다. 폭스트롯 주주에게 현금을 주는 경우와 새로 탄생하는 법인 혹은 인수하는 법인의 주식을 주는 경우다. 전자보다 후자가 차익거래라는 단어가 덜 부끄럽다. 물론 이것도 엄밀한 의미의 차익거래일 리는 없다.

실제 사례를 통해 합병차익거래를 어떻게 하는지 알아보자. 1998년 10월, 뉴웰은 러버메이드를 인수할 것이라고 발표했다. 뉴웰은 필기구인 파버카스텔이나 로트링을 비롯한 여러 소비재 브랜드를 가진 회사고, 러버메이드는 식품 저장용기 회사였다.

뉴웰의 합병안은 러버메이드 1주당 뉴웰의 주식 0.7883주를 주는 조건이었다. 발표 전날의 러버메이드와 뉴웰 종가는 각각 약 31,000원과 59,000원이었다. 즉 러버메이드 주주는 59,000원의

0.7883배인, 전날 종가보다 49퍼센트 높은 약 46,000원을 받게 되는 셈이었다. 합병 소식에 힘입어 발표 당일 러버메이드 주가는 38,000원으로 오르고 뉴웰의 주가는 52,000원으로 떨어졌다.

러버메이드의 주가는 아직 합병비율에 내재된 가격인 46,000원에는 못 미쳤다. 그때 내가 러버메이드를 1주 사고 뉴웰을 합병비율에 맞춰 0.7883주를 공매도했다면 어떻게 되었을까? 46,000원짜리를 38,000원에 사고 52,000원의 0.7883배를 약 41,000원에 파는 셈이니 그 차이인 3,000원을 이익으로 갖는 셈이었다. 이를 가리켜 합병차익거래 스프레드라고 부른다. 즉 합병차익거래는 이러한 합병차익거래 스프레드를 따먹는 거래였다.

왜 그렇게 되는지 좀더 설명해보자. 합병이 이루어지면 나는 러버메이드 1주당 뉴웰 주식 0.7883주를 받는다. 내가 공매도한 뉴웰 주식을 전달해주어야 하는데 정확히 0.7883주를 공매도했다. 따라서 새로 받은 뉴웰 주식 0.7883주를 그대로 주면 그걸로 끝이다. 내게는 러버메이드 1주당 3,000원의 돈이 남았고 더 이상 남은 의무는 없다.

사실 그게 다가 아니었다. 1999년 3월 24일, 뉴웰의 러버메이드 인수가 마무리되었을 때 뉴웰의 주가는 51,000원으로 더 내려갔다. 즉 공매도는 뉴웰 1주당 약 1,000원의 돈을 내게 추가로 안겨주었다. 러버메이드 1주당으로 환산한다면 약 700원의 돈이 더 생긴 셈이었다. 실제로 뉴웰과 러버메이드를 대상으로 합병차익

이벤트 드리븐과 내부자거래

거래를 했던 헤지펀드들은 위와 같은 수준으로 돈을 불리는 데 성공했다. 합병된 뉴웰러버메이드의 시총은 7조 원이었다.

그러면 합병차익거래는 왜 진정한 차익거래가 아닐까? 두 가지 리스크가 있기 때문이다. 하나는 방금 전 계산에서 저절로 드러났다. 만약 인수하는 에코의 주가가 합병 시점에 올라가버리면 공매도에서 손실이 난다. 합병차익거래 스프레드가 충분하다면 그 손실을 상쇄하고도 돈이 남는다. 그 반면에 스프레드가 빠듯했거나 혹시라도 에코 주가가 너무 올라버리면 결과적으로 돈을 잃을 수도 있다. 앞서도 이미 이야기했듯이 에코의 주가가 오르는 일은 거의 없기에 이러한 리스크는 이론상 리스크로 치부할 법하다.

합병차익거래의 진정한 리스크는 합병 그 자체다. 기껏 비율 맞춰서 롱숏 포지션을 잡아 놓았는데 갑자기 합병이 무산되어버리면 모든 게 엉망이 된다. 폭스트롯 주가는 확실히 폭락하는 반면 에코 주가는 그걸 보상할 만큼 떨어지지 않는다. 합병이 깨지고 나면 합병차익거래를 시도했던 곳들은 대개 큰 손실을 입는다. 즉 합병차익거래의 실력은 계산에 있지 않고 실제로 합병이 될 만한 거래만 골라내는 데 있다.

합병차익거래로 유명한 곳은 어디일까? 적지 않은 수의 헤지펀드가 합병차익거래의 전문성을 주장한다. 이들의 옥석을 가리기에 앞서 언급해야 할 곳과 사람이 있다. 앞에서 이미 여러 번 등장했던 골드만삭스와 처음 등장하는 로버트 루빈이다.

골드만삭스는 합병차익거래를 처음 시작한 투자은행으로 알려져 있다. 1969년부터 갑작스러운 심장마비로 사망한 1976년까지 골드만삭스를 이끈 거스 레비가 1940년대에 기법을 만들었다. 튤레인대학을 중퇴한 레비는 이전에 기업의 재무 자문과 자본시장만 하던 골드만삭스가 트레이딩으로도 돈을 벌게 만든 장본인이었다.

1938년 미국 뉴욕에서 태어난 루빈은 하버드대학 학부와 예일대 로스쿨을 졸업한 뒤 뉴욕의 한 로펌에서 2년간 일하다가 1966년에 골드만삭스에 들어갔다. 그리고 그곳에서 레비에게 합병차익거래를 배웠다.

루빈은 5년 만에 골드만삭스의 파트너가 될 정도로 합병차익거래에서 두각을 드러냈다. 그가 이끄는 골드만삭스의 리스크 차익거래 데스크는 돈 찍어내는 기계로 명성이 높았다. 하도 돈을 많이 벌자 1977년 『뉴욕 타임스』가 루빈과 그의 데스크를 다룬 장문의 기사를 낼 정도였다. 루빈은 1990년 골드만삭스의 공동 회장이 되었다.

전임자인 레비나, 레비의 전임자였던 시드니 와인버그처럼 죽어야 그만둘 것 같았던 루빈은 1993년 초에 골드만삭스를 떠났

이벤트 드리븐과 내부자거래

다. 그에게는 꿈이 있었다. 미국을 위대한 골드만삭스로 만드는 꿈이었다. 빌 클린턴이 처음으로 대통령이 된 1993년 1월에 클린턴 정부의 자문을 하던 루빈은 1995년 1월 미국 재무장관이 되었다.

재무장관으로 있던 4년 반 동안 루빈은 대공황의 재발을 막기 위해 1933년에 만든 글래스-스티걸법을 폐지했다. 이로써 투자은행과 상업은행을 서로 떨어뜨려놓는 중앙분리대가 사라졌다. 또한 신용부도스와프 같은 장외파생거래를 규제하려는 미국 원자재파생거래위원회의 시도를 무력화했다. 원자재파생거래위원장 브룩슬리 본은 항의의 표시로 사임했다. 루빈은 연방준비제도 의장 앨런 그린스펀과 증권거래소위원장 아서 레빗과 함께 미국을 파이어* 경제로 탈바꿈시켰다. 파이어는 금융, 보험, 부동산의 앞글자를 딴 말이었다.

그사이 루빈의 사도들은 그에게 배운 합병차익거래를 갖고 헤지펀드를 차렸다. 대표적인 인물이 1957년생인 톰 스타이어였다. 예일대학 학부에 스탠퍼드대에서 MBA를 한 스타이어는 1983년 골드만삭스에 들어가 루빈의 사도가 되었다. 2년 반 만에 모든 걸 배운 그는 1986년 친지가 마련해준 1,800억 원으로 패럴론캐피털을 세웠다.

패럴론의 초기 성장에 기여를 한 사람은 예일대 기금 운용의 총

★ FIRE.

책임자인 데이비드 스웬슨이었다. 예일대 박사였던 그는 샐러먼브라더스와 리먼브라더스를 거쳐 1985년 모교의 기금 관리를 맡았다. 당시 예일대 기금의 규모는 1.2조 원이었다. 관리보수가 없고 운용보수도 성과가 미국 국채 이자율을 넘겨야 받아갈 수 있는 가혹한 조건이기는 했지만 스웬슨은 1990년 패럴론에 3,600억 원을 맡겼다. 미국 연기금이 헤지펀드에 자금을 운용하게 한 최초의 사례였다.

패럴론은 1993년까지 3년 만에 예일대의 돈을 7,200억 원으로 불려놓았다. 연 복리로 25퍼센트의 수익률을 거둔 것이었다. 이후 상장주식과 채권 외의 자산에도 돈을 집어넣는 스웬슨의 방식은 모든 연기금이 따라 하는 교과서가 되었다. 30여 년간 스웬슨이 계속 운용한 예일대 기금은 2019년 기준 36조 원을 넘었다. 같은 해 패럴론의 운용자산은 33조 원이었다.

스웬슨이 패럴론에 돈을 맡긴 이유는 레버리지가 높지 않아서였다. 이는 합병차익거래뿐만 아니라 이벤트 드리븐 거래를 하는 헤지펀드의 특징이기도 했다. 워낙 모 아니면 도인 탓에 레버리지를 사용하기가 쉽지 않았다. 그렇다고 아예 안 쓰는 건 아니었다. 패럴론의 경우도 운용액의 20퍼센트는 빌린 돈이었다. 스타이어가 예일대 동문이라는 사실도 스웬슨의 결정에 영향을 끼치지 않았다고 볼 수는 없었다.

합병차익거래 헤지펀드를 차린 루빈의 사도는 스타이어 말고도 또 있었다. 1982년부터 1994년까지 루빈 밑에서 일한 대니얼 오크, 1980년부터 1988년까지 일한 리처드 페리, 1985년부터 1988년까지 일한 에드워드 스콧 램퍼트, 1988년부터 2004년까지 일한 에릭 민디치였다. 오크가 세운 오크-지프캐피털은 2009년 기준 26조 원의 자산으로 미국 헤지펀드 중 7등이었다. 페리캐피털은 2007년 19조 원, 램퍼트의 이름을 딴 이에스엘인베스트먼츠는 2006년 21조 원, 민디치의 이튼파크캐피털은 2011년 13조 원을 운용하는 대형 헤지펀드가 되었다.

1999년 7월 루빈은 재무장관 자리에서 물러났고, 3개월 뒤에 씨티그룹의 이사가 되었다. 선진국인 미국에는 한국의 공직자윤리법 같은 귀찮은 제도가 없어서 가능한 일이었다.

투자은행 샐러먼브라더스와 증권사 스미스바니를 갖고 있던 보험사 트래블러스그룹은 상업은행을 갖는 것이 소원이었다. 글래스-스티걸법이 폐지되면서 일어난 첫 번째 역사적 사건이 1998년 4월 트래블러스그룹과 씨티은행의 합병으로 씨티그룹이 탄생한 것이었다.

미국 재무장관으로서 루빈이 한 일은 약 10년이 지나서야 그 결실을 맺었다. 규제를 받지 않게 그가 만들어놓은 장외파생거래는 리먼브라더스, 베어스턴스, 메릴린치를 파산시켰다. 상업은행과 투자은행 사이의 격벽을 없앤 덕분에 미국 최대 상업은행 씨티그룹은 파산 위기에 몰려 국유화되었다. 루빈은 파이어로 미국에 확실히 불을 질러놓았다. 씨티그룹의 회장 자리에 올랐던 그는 2009년 1월 사임했다. 루빈이 씨티그룹에서 그동안 받은 돈은 1,500억 원이 넘었다.

루빈의 사도들이 돈을 불릴 수 있었던 것도 루빈 때문이었다. 2008년 금융위기 이후 제도가 일부 바뀌자 이들은 힘을 잃었다. 2016년 페리캐피털은 자산이 5조 원으로 쪼그라들자 문을 닫았다. 2016년에 10퍼센트 손실을 본 이튼파크는 2017년 자산이 6조 원으로 줄어들며 청산되었다. 이에스엘은 청산되지는 않았지만 2015년 자산이 3조 원으로 주저앉았다. 2014년 56조 원 자산을 가졌던 오크-지프는 2016년 아프리카 여러 나라에 뇌물을 준 사실이 밝혀져 5,000억 원의 벌금을 냈고, 2019년에는 자산이 40조 원으로 줄었다. 사도들의 맏형 스타이어는 2012년 아예 패럴론을 떠났다.

루빈이 만들어놓은 미국은 골드만삭스가 아니라 바나나 공화국이었다.

♤

떡을 만지다 보면 떡고물이 손에 묻기 마련이다. 인수합병 쪽 일을 하다 보면 돈 불리는 효과적인 방법 한 가지가 저절로 눈에 들어온다. 인수합병 소식을 남들보다 먼저 알아내 미리 거래를 하는

이벤트 드리븐과 내부자거래

방법이다. 바로 내부자거래다.

내부자는 비단 회사의 임직원이나 주식의 10퍼센트 이상을 가진 주요 주주로 한정되는 개념이 아니다. 회사에 관련된 서비스를 제공하는 회계사나 변호사를 비롯해 공무원, 증권사 직원까지 다 내부자로 간주될 수 있다. 한국 자본시장법은 내부자라는 표현 대신 '미공개 중요정보 이용행위'라는 명칭을 쓴다. 거둔 이익이 50억 원 이상이면 무기징역에 이익의 3배까지의 금액을 벌금으로 내야 한다.

물론 내부자거래가 인수합병 때만 하는 것은 아니다. 부도나 특수 상황에서도 얼마든지 가능하다. 가령 부도 직전에 경영진이 회사 주식을 파는 것도 내부자거래다. 손실을 면한 금액을 이익으로 간주하기 때문이다. 사실 이벤트 드리븐과 내부자거래는 한 쌍의 형제와 같다. 잡히면 내부자거래요, 잡히지 않으면 이벤트 드리븐이다.

1장에서 살펴본 포세이돈 사례를 떠올려보자. 1주당 30원짜리 동전주가 니켈광 뉴스에 힘입어 약 9,333배인 280,000원까지 올라갔던 사례였다. 이때 다양한 내부자거래가 있었다. 포세이돈이 일을 시켰던 탐사회사의 소유주는 포세이돈의 9월 29일 공시 이전에 다량의 포세이돈 주식을 샀다. 퍼스증권거래소 회장도 미리 샀다가 포세이돈 주가가 망가지기 전에 빠져나왔다. 이들은 모두 처벌되지 않았다. 당시 오스트레일리아의 법규상 내부자거래가 불법이 아니었기 때문이다. 그때가 우리는 그립다. 요즘도 웬만하면 잘 안 잡히지만 그래도 마음이 불편하다.

금융에서 내부자거래는 역사도 깊다. 1743년 영국 데번 태생으로 이튼칼리지를 졸업한 윌리엄 두어는 1770년대 초반부터 미국에서 비즈니스를 시작했다. 미국이 독립을 선언한 후인 1778년과 1779년에는 대륙의회 의원으로도 활동했다. 급기야 미국 건국의 아버지 중 한 명인 알렉산더 해밀턴이 1789년 미국의 초대 재무장관이 되었을 때 두어를 첫 번째 재무차관보로 임명했다.

두어는 6개월 만에 물러났다. 재무차관보로서 얻은 정보를 이용해 개인 계좌에서 부실채권을 잔뜩 사들였기 때문이었다. 그가 물러나지 않았다면 틀림없이 정부 돈으로 자신이 가진 부실채권의 값을 올렸을 터였다.

물러났다고 해서 두어가 가진 미국 재무부의 내부정보가 어디가지는 않았다. 두어는 해밀턴이 창립 주주로 있는 뉴욕은행을 목표로 삼았다. 뉴욕은행은 1792년에 생긴 뉴욕증권거래소에 최초로 상장된 회사였다. 두어는 밀리언은행의 설립을 시도하며 뉴욕은행의 주가가 떨어지도록 작전을 폈다. 헐값에 주식을 많이 사들여 뉴욕은행을 지배하든가 혹은 밀리언은행 설립이 중단되면 큰 폭으로 뛰어오를 뉴욕은행 주가로부터 큰돈을 불리는 두 가지 가능성을 모두 봤다. 그의 작전은 미국 최초의 주식공황인 1792년 주식공황을 불러오며 실패했다. 작전에 쓴 빌린 돈을 갚지 못해 감

이벤트 드리븐과 내부자거래

옥에 갇힌 두어는 1799년 그곳에서 생을 마감했다.

주목할 만한 또 다른 인물로 앨버트 위긴이 있다. 1868년 미국 매사추세츠에서 태어난 위긴은 1903년 뱅커스트러스트를 세우는 데 큰 역할을 했다. 1911년에는 3장의 벌링턴철도 스퀴즈 때 나왔던 제임스 힐이 지배하는 체이스내셔널은행의 은행장이 되었다.

1929년 주식공황 때 그는 빼어난 천재성을 보여주었다. 자신이 은행장으로 있는 체이스내셔널은행의 주식을 42,000주 이상 공매도했다. 거래의 주체는 자신의 가족 소유로 되어 있는 캐나다 국적 페이퍼컴퍼니였다. 그는 이 거래로 48억 원 이상을 불렸으며 캐나다 국적이라 공매도의 이익은 세금이 면제였다.

두어와 위긴 둘 다 대단한 금융인이지만 내부자거래로 가장 유명한 사람은 따로 있다. 내부자거래로 20세기 후반을 휘저어놓은 아이번 보스키다.

1937년 미국 디트로이트에서 태어난 보스키는 웨인주립대학, 동미시간대학, 미시간대학을 다녔지만 어디에서도 졸업은 하지 못했다. 그럼에도 불구하고 디트로이트법대에 입학이 허가되어 1965년 변호사가 되었다. 보스키는 베벌리힐스호텔을 소유한 디트로이트의 부동산 큰손 벤 실버스타인의 작은 딸 시마와 1962년 결혼했다. 1966년부터 9년간 보스키는 뉴욕에 있는 여러 증권사에서 경험을 쌓았다.

1975년 보스키는 자기 이름을 딴 증권사를 차렸다. 자본금 8억 4,000만 원은 처가에서 나왔다. 1979년 벤은 유산으로 베벌리힐스호텔의 주식을 두 딸 뮤리얼과 시마에게 공평하게 48퍼센트씩 나눠주었다. 나머지 4퍼센트는 자신의 여동생과 조카 두 명에게 갔다. 벤은 생전에 큰 사위 버턴 슬래트킨을 후계자로 키우고 작은 사위 보스키를 건달 취급했다. 슬래트킨은 베벌리힐스호텔을 직접 경영했다.

합병차익거래로 돈을 불리는 일은 루빈과 루빈의 사도만 할 수 있는 건 아니었다. 든보잡에 가까운 보스키도 할 수 있었다. 보스키의 증권사는 합병차익거래로 점점 이름나기 시작했다. 특히 1984년 게티오일 인수 건과 티 분 피켄스의 1984년 걸프오일 그린메일 때 큰돈을 불렸다. 그때 불린 돈이 각각 600억 원과 780억 원이었다.

보스키는 아메리칸발레시어터에 1억 2,000만 원을 기부할 정도로 고상한 취미를 가졌지만 머릿속에는 오직 거래만이 있었다. 어느 날 만찬에서 "아이번, 아름다운 밤이야. 달 좀 봐. 너무 멋지지 않아?" 하고 시마가 말했다. 보스키는 "달이 뭐가 좋은데? 살 수도 없고 팔 수도 없잖아"라고 답했다.

1986년 5월, 캘리포니아버클리대학의 하스비즈니스스쿨 졸업

이벤트 드리븐과 내부자거래

식에서 보스키가 한 말을 통해 돈에 대한 그의 생각을 엿볼 수 있다. "그런데 말이에요, 탐욕은 아무 문제없어요. 나는 여러분이 그걸 알았으면 좋겠어요. 나는 탐욕이 건강하다고 생각해요. 여러분은 탐욕스러우면서도 여전히 스스로에 대해 기분이 좋을 수 있지요"라며 MBA들을 격려했다.

1986년 그의 증권사는 2,400억 원 이상 값이 나갔다. 보스키 부부는 과반 이상을 주식을 가진 베벌리힐스호텔도 팔아서 1,600억 원 이상의 돈을 받았다. 슬래트킨은 해고되었다.

그해 11월, 미국 법무부와 증권거래소위원회는 보스키와 감형을 전제로 기소에 합의했다고 발표했다. 그동안 그가 내부자거래로 이득을 취했다는 혐의를 인정한 결과였다. 보다 구체적으로 보스키는 다른 투자은행의 인수합병 임직원에게 정보를 받고 대가성 현금을 주었다. 정보와 돈의 교환은 시장원리에 완벽히 부합하는 행위였다.

그가 내부자거래로 이득을 취한 한 사례를 살펴보자. 1983년 12월, 보스키는 투자은행 키더 피바디의 마틴 시겔로부터 모든 정보를 들었다. 시겔이 보스키에게 최초로 정보를 주고 돈을 받은 건 1981년이었다. 그때 받은 돈은 보스키 증권사의 최초 자본금과 맞먹는 8억 4,000만 원이었다.

보스키가 잡힌 건 씨티은행과 스미스바니를 거쳤던 리먼브라더스의 데니스 러빈이 감형을 받기 위해 공범인 보스키를 댄 탓이었다. 시겔은 보스키 외에 골드만삭스의 리스크 차익거래 데스크 헤드인 로버트 프리먼과도 정보를 주고받는 사이였다.

불똥은 또 다른 저명 금융인으로 튀었다. 1946년 미국 캘리포니아에서 태어난 마이클 밀컨이었다. 캘리포니아버클리대학 학부와 펜실베이니아대 MBA 과정을 마친 밀컨은 1969년 투자은행 드렉셀에 들어갔다.

밀컨은 정크본드라는 새로운 분야를 일구어낸 선구자였다. 밀컨 덕분에 돈을 갚기 어려운 부실 기업들이 은행 대신 자본시장에서 돈을 빌릴 수 있었다. 드렉셀을 골드만삭스의 명성을 위협하는 회사로 키운 밀컨에게는 '정크본드 왕'이라는 호칭이 생겼다. 보스키는 밀컨도 내부자거래나 주가조작, 파킹거래 같은 불법을 저질렀다고 주장했다.

이에 당시 뉴욕 남부지검장이었던 루돌프 줄리아니는 밀컨을 전방위로 수사하기 시작했다. 밀컨이 워낙 거물이라 그를 엮을 수 있다면 자신의 정치적 가도에 도움이 될 터였다. 2년 넘게 털었지만 특별한 것이 없었다. 1988년 11월, 줄리아니는 밀컨이 다니던 드렉셀을 '부패 및 조직범죄처벌법'으로 기소하겠다고 위협했다. 이 법은 마피아 같은 조직폭력배를 잡으려고 만든 법이었다. 조폭으로 몰릴 위기에 처한 드렉셀 경영진은 밀컨의 수사에 협조하겠다며 백기를 올렸다.

수사 과정에서 맥퍼슨파트너스가 발견되었다. 밀컨이 자신의

이벤트 드리븐과 내부자거래

부하 직원들이 돈을 불릴 수 있도록 몰래 세운 펀드였다. 맥퍼슨은 스토러 방송사의 워런트를 갖고 있었다. 워런트는 주식을 미리 정한 가격에 사거나 팔 수 있는 권리로서 옵션의 일종이었다. 당시 차입매수의 선구자 콜버그크래비스로버츠가 스토러의 차입매수를 진행하고 있던 바 드렉셀이 그 정크본드의 주관사였다.

드렉셀의 고객사 하나가 시장에서 스토러 워런트를 산 뒤 드렉셀의 밀컨 사업부에 팔았다. 밀컨의 사업부는 이걸 다시 맥퍼슨에 팔았다. 맥퍼슨의 존재를 숨기려는 의도 없이는 일어나기 어려운 거래였다. 맥퍼슨의 출자자는 밀컨, 밀컨의 부하 직원, 밀컨의 고객, 밀컨의 자식 그리고 밀컨이 거래하는 여러 단기금융시장 매니저로 구성되었다. 특히 단기금융시장 매니저의 맥퍼슨 출자는 드렉셀이 그들에게 뇌물을 주었다는 혐의가 되었다. 1988년 12월, 유죄를 인정한 드렉셀은 밀컨의 방어를 포기했다.

이제 밀컨의 차례였다. 1989년 3월, 밀컨은 99건의 혐의로 기소되었다. 그중 하나가 1986년 보스키가 드렉셀에 준 64억 원이었다. 보스키는 이게 자기가 밀컨과 벌인 불법 거래의 이익을 나눈 것이라고 주장했다. 드렉셀은 이 돈을 컨설팅비를 받은 것으로 처리했다. 줄리아니는 밀컨의 친동생 로웰을 기소하며 밀컨을 압박했다. 유죄를 인정하면 동생은 가볍게 넘어가주겠다는 말을 흘렸는데, 다시 말해 말을 듣지 않으면 가족을 건드리겠다는 것이었다. 캘리포니아엘에이대 로스쿨을 졸업한 로웰은 형의 권유로 드렉셀에 입사해 일하고 있었다.

1990년 4월, 밀컨은 결국 여섯 가지 혐의에 대해 유죄를 인정했다. 10년의 징역형과 7,200억 원을 벌금으로 내고 죽을 때까지 증권업에 종사하지 않는다는 조건이었다. 약속대로 로웰의 기소는 취하되었다.

보스키는 3년 6개월의 징역형과 172억 원의 벌금을 선고받았다. 밀컨과 마찬가지로 평생 증권시장 접근이 금지되었다. 시겔과 레빈 그리고 프리먼도 각각 2개월에서 2년 사이의 실형과 수십 억원 이상의 벌금 및 합의금을 냈다.

줄리아니는 1993년 뉴욕시장으로 선출되며 꿈을 이루었다. 이후 2008년 미국 공화당 대통령 후보 경선에 나섰지만 신통치 않은 반응에 중도 하차했다. 2016년 경선 때는 트럼프를 지지하며 그의 개인 변호사가 되었다. 2021년 1월 6일, 조 바이든의 선거 승리가 부정선거와 개표기 조작 때문이라고 광장에서 연설하며 모인 트럼프 지지자들의 미국 국회의사당 난입을 부추겼다. 트럼프는 2020년 2월, 아직 98개월의 징역형이 남은 밀컨을 사면했다.

이벤트 드리븐과 내부자거래

4부

연금술
Alchemy

9장

가치가 없는 것을 팔면 큰돈이 된다

무가물과 통정매매

지금까지 나온 모든 돈 불리기 기법은 어쨌거나 알아야 할 것이 너무나도 많다. 사실 더 쉬운 방법이 있다. 가치가 없는 것을 비싸게 파는 방법이다. 무에서 유를 창조하는 것이라고 봐도 좋다. 한마디로 금융의 연금술이다.

무가물無價物 판매의 가장 큰 장점은 리스크와 수익의 비대칭성에 있다. 어차피 가치가 없는 것을 팔려고 하기 때문에 잘못되어도 별로 잃을 것이 없다. 그 반면에 혹시라도 파는 데 성공하게 되면 어마어마한 돈이 생긴다. 가능성은 낮지만 지급 구조가 유리한 비대칭이다. 『블랙 스완』을 쓴 현자 나심 니콜라스 탈레브가 '반취약'이라고 부른 경우다.

이 방법을 쓰는 사람에게 가장 중요한 자산은 무엇일까? 바로 상상력이다. 기존 관습의 굴레에서 풀려 난 새로운 세상을 사람들로 하여금 느끼게 해주는 것이 중요하다. 황당하게 들리면 들릴수록 더욱 좋다.

어떻게 이게 가능한 것일까? 과학적인 이유가 있다. 인간은 대체로 자기 생각 없이 다른 사람을 따라 할 뿐인 동물이다. 자기 생각이라고 갖고 있는 것이 사실은 남들로부터 영향받은 관념인 경우가 허다하다. 그래서 가치가 있든 없든 누군가가 하면 그 누군가를 따라 하고 싶어진다. 약간의 환상만 심어주면 제 발로 함정으로 굴러떨어지는 존재란 이야기다.

이 말이 무슨 뜻인지 마음에 잘 와닿지 않는 사람들도 있을 것이다. 구체적인 예를 들면 담배는 몸에 해롭다. 냄새도 좋지 않고 기침도 나오고 값도 비싸다. 그래도 상관없다. 불붙인 담배를 자유의 여신이 손에 든 횃불로 '생각'하도록 만들어주면 그걸로 끝이다.

어떻게 그렇게 할 수 있을까? 눈에 띄는 외모를 가졌지만 너무 프로페셔널 모델처럼 생기지 않은 여자들에게 담배를 쥐여 주고 제일 큰 번화가를 걷게 하면 된다. 말하자면 진짜 여배우 말고 인스타그램에서 열심히 물건 파는 '인플루언서'에게 돈을 주고 일을 시켰던 것이다. 이후 담배는 여자들에게 자유의 횃불이 되었다. 정

9장 | 가치가 없는 것을 팔면 큰돈이 된다

신분석학자 지그문트 프로이트의 처조카면서 나치 독일의 선전장관 요제프 괴벨스가 열렬히 추종한 에드워드 버네이즈가 이미 대공황 직전인 1929년 3월에 증명해 보여준 일이다.

그러면 우리는 이것으로 어떻게 돈을 불릴 수 있을까? 영감이 될 만한 옛날이야기를 하나 하자. 1906년 『황성신문』에 의하면 평양에 사는 김인홍은 대동강에서 마실 물을 퍼가는 사람들에게 접근했다. 물을 퍼 갈 때 자기가 미리 준 엽전을 "물값이요!" 하면서 돌려주면 나중에 엽전 한 냥을 수고비로 주겠다는 제안이었다. 공돈 한 냥이 생긴다는 말에 사람들은 너도나도 좋다고 그의 제안을 받아들였다.

이어 김인홍은 평양에 나타난 5명의 서울 상인에게 접근했다. 자기가 대동강 물의 소유권자인데 돈을 너무 벌어 피곤하다며 하소연했다. 상인들은 그의 말이 미덥지 않으면서도 혹시나 하는 마음이 들었다. 확인해보니 진짜로 사람들이 대동강에서 물을 퍼가며 그에게 돈을 건네는 것이 아닌가. 상인들은 그에게 애걸해 대동강 물 소유권을 5,000냥에 샀다. 그런 후 물값을 받으려다 사람들에게 몰매를 맞았다. 김인홍은 봉이 김선달이라는 이름으로 더 많이 알려져 있다.

우리는 공짜를 5,000냥에 팔아 치운 봉이 김선달의 지혜를 본받고 싶다.

　　　　　　　　　　　　　　　　무가물과 통정매매

♠

무가물을 만들어 팔아 크게 돈을 불린 사례를 하나 살펴보자. 판타락 라자데즈는 1903년 태국에서 태어났다. 그의 조국은 20세기 내내 격동의 시기를 보냈다. 왕이 직접 통치하던 시암왕국은 1932년 무혈혁명이 발생하며 입헌군주국이 되었다. 국가명을 오늘날과 같이 바꾼 지 2년 만인 1941년, 제2차 세계대전 중 태국은 일본의 침공을 받고는 곧 일본과 비밀 군사동맹을 맺었다. 그리고 미국과 영국에 선전포고를 했다. 연합국은 태국의 선전포고를 대체로 무시했다.

제2차 세계대전 이후의 태국도 결코 조용하지 않았다. 전쟁이 끝난 지 1년 후인 1946년에 왕이 의문의 총기 사고로 세상을 떠났다. 1957년에는 내란을 일으킨 태국군 원수가 왕을 신격화함으로써 자신의 독재정치를 정당화했다. 1970년대 시민이 군부독재에 저항하자 왕이 정치에 개입해 총리를 교체하기도 했다. 1978년 군부는 다시 쿠데타를 일으켜 대학생들을 학살했다. 왕은 왕대로 잃어버린 권력을 되찾고자 1981년과 1985년 두 차례 친위 쿠데타를 일으켰다가 실패했다. 태국에서 최초로 총리 선거가 이뤄진 해가 1988년이었다.

라자데즈는 혼란스러웠던 시기를 무사히 헤쳐 나온 사람이었다. 경찰이었던 그는 태국 남부 말레이반도에 위치한 나콘시탐마

랏의 치안감까지 올랐는데, 어려운 살인사건을 해결하며 일약 유명해졌다.

라자데즈가 살인사건을 해결한 방법은 비범하기 짝이 없었다. 바로 자투캄과 람마뎁이라는 신이었다. 자투캄과 람마뎁은 7세기에서 12세기까지 말레이반도와 수마트라섬을 지배하던 스리비자야왕국의 두 왕자였다. 대승불교에서는 두 사람을 관세음보살의 현현으로 간주하는 전설도 전해져왔다.

라자데즈는 살인사건 해결의 공을 자투캄과 람마뎁의 신묘한 힘에 돌렸다. 사람들은 라자데즈가 적을 물리칠 수 있는 흑마술에 통달했다고 믿었다. 1987년 라자데즈는 한 발자국 더 나아가 자투캄과 람마뎁을 형상화한 부적을 직접 만들어 팔려고 시도했다. 라자데즈만큼 불심이 깊지 않았던 태국 사람들은 부적에 별다른 관심을 보이지 않았다. 적어도 라자데즈가 죽을 때까지는 그랬다.

2006년 라자데즈가 세상을 떠났다. 그의 나이 104세 때 일이었다. 라자데즈의 시신은 공개 화장하기로 결정되었고, 잘 팔리지 않아 쌓아두었던 자투캄 부적은 장례식에 참석한 사람들에게 나눠주기로 했다.

그런데 생각지도 못한 일이 벌어졌다. 20만 명 이상의 사람이 장례식에 나타났다. 심지어 당시 왕세자였던 마하 와치랄롱꼰도 참석했다. 라자데즈가 살아생전에 존경을 받기는 했지만 이 정도는 아니었다. 그가 100세 넘도록 장수했다는 사실과 자투캄의 신

무가물과 통정매매

비한 힘을 받았던 사람이라는 사실이 일종의 화학반응을 일으킨 셈이었다.

자투캄 부적은 마치 목걸이처럼 목에 걸 수 있었다. 금목걸이 여러 개를 목이 휘도록 걸고 있는 래퍼처럼 신심이 큰 사람이라면 여러 개의 자투캄 부적을 목에 걸기도 했다. 각각의 자투캄 부적에는 '천국으로의 슈퍼리치'나 '영원히 부자' 같은 문구가 새겨져 있었다. 사람들은 특수한 자투캄 부적이 총알을 막고 질병으로부터 지켜주는 힘도 가졌다고 믿었다.

하루아침에 자투캄 부적은 태국에서 가장 뜨거운 잇템이 되었다. 왼편의 사람도 원하고 오른편의 사람도 원하니 모두가 원하는 건 당연했다. 특히 라자데즈가 직접 축원한 자투캄 부적을 손에 넣고 싶어 했다. 원래 라자데즈의 자투캄 부적을 팔던 곳은 나콘시탐마랏에 위치한 왓프라마하탓 사원이었다. 부적을 사기 위해 예약을 기다리다가 한 여자가 인파에 깔려 죽기도 하고, 한 사람이 500개에 달하는 부적을 구매하기도 했다. 사원은 이러한 수요를 감당할 재간은 없었다. 얼마 지나지 않아 태국의 다른 사원에서도 자투캄을 만들어 팔기 시작했다.

수요는 곧 가격 상승을 불러왔다. 자투캄의 원래 가격은 1,500원 정도였다. 만드는 비용은 그보다 훨씬 낮았다. 그랬던 자투캄의 가격이 10,000원을 넘기더니 어느새 수백만 원을 호가했다. 자투캄이 너무 많이 팔리자 태국 국세청은 세금 부과를 진지하게 검토했다. 2007년 한 해에만 팔린 자투캄의 총액은 7,000억 원 이상으로 추산되었다. 자투캄은 24시간 편의점인 세븐일레븐에서도 팔았다.

라자데즈가 손을 댔다는 자투캄 부적은 한 개에 9,000만 원에 팔렸다. 라자데즈는 이미 죽었기 때문에 그가 손댄 자투캄의 수량은 더 이상 늘어날 수 없다는 사실은 중요한 마케팅 포인트였다. 신기하게도 그가 직접 손댔다는 자투캄은 끝도 없이 나왔다.

자투캄 시장이 무너지는 데는 시간이 오래 걸리지 않았다. 목이 부러져라 여러 개의 자투캄을 걸고 다녔는데 왜 부자가 안 되는 걸까 하고 생각하기 시작한 사람이 생겨난 탓이었다. 의심의 전파는 열병의 전파보다 빨랐다. 2008년 자투캄의 가격은 원래 수준으로 돌아갔다.

♤

자투감의 사례는 이상적이기는 하지만 부적이라는 점이 마음에 걸린다. 고려해야 할 배경도 있다. 잊을 만하면 한 번씩 쿠데타를 일으키는 태국 군부가 2006년 왕과 손잡고 5년 전에 선출된 총리 친나왓 탁신을 쫓아냈다. 태국인들이 마음의 불안을 달래기 위해 자투캄에게 매달렸을 가능성이 컸다. 필요하다면 돈을 불리기 위해 쿠데타를 얼마든지 사주할 수 있지만 아무튼 손이 많이 간다.

그러니 이번에는 정통 금융으로 눈을 돌려보자. 1822년 10월, 영국 런던의 이름 있는 머천트뱅크인 존페링은 포야이스의 국채를 발행했다. 머천트뱅크는 투자은행 역할도 겸하는 영국의 상업은행이었다.

포야이스는 오늘날 온두라스와 니카라과에 걸쳐져 있는 국가였다. 당시 해당 지역은 모스키토인이 원주민이라는 이유로 '모스키토 해안'이라고 불렸다. 1820년 모스키토 왕 조지 프레데릭 어거스터스는 스코틀랜드의 전쟁 영웅 그레고어 맥그레거에게 약 32,000제곱킬로미터에 달하는 땅을 팔았다. 이는 웨일스의 1.6배면서 한국의 약 30퍼센트에 해당하는 넓이였다.

맥그레거는 땅값으로 약간의 럼주와 보석을 건넸지만 당시 기준으로 큰 문제는 아니었다. 그는 자기가 산 땅에 포야이스라는 이름을 붙였다. 그리고 스스로를 포야이스의 카지크라고 칭했다. 원주민어와 스페인어가 섞인 단어 카지크는 추장 혹은 왕자를 뜻했다. 기독교 국가인 포야이스의 수도는 세인트조지프였다.

포야이스를 좀더 잘 이해하기 위해서는 맥그레거를 짚고 넘어가야 한다. 1786년 스코틀랜드에서 태어난 맥그레거는 1803년 영국 육군의 소위가 되었다. 영국에서 군인이 될 수 있는 가장 이른 나이에 군대에 간 것이었다. 이를 위해 맥그레거의 엄마와 친척은 72만 원을 썼다. 19세기까지 영국군은 돈을 많이 내면 장교가 될 수 있었다. 승진도 마찬가지였다. 1804년 영국 해군 소장 에드워드 보워터의 딸과 결혼하면서 돈이 많아진 맥그레거는 이듬해에 돈을 내고 대위로 진급했다.

그가 배속된 부대는 57보병연대였다. 57보병연대는 1811년 5월, 스페인 알부에라에서 프랑스군을 상대로 끈질기게 싸워 '다이하드'라는 별명을 얻은 부대였다. 연대장 윌리엄 잉글리스를 비롯해 장교 30명 중 20명이, 사병 570명 중 422명이 죽거나 다치면서도 끝내 전열을 풀지 않은 덕분이었다. 맥그레거는 후에 자신을 소개할 때 다이하드를 빼놓지 않았다. 사실 그는 알부에라전투 1년 전인 1810년 상관과 다툰 끝에 예편되었다.

맥그레거의 큰 문제는 예편이 아니었다. 1811년 12월, 아내가 죽으면서 주요 수입원이었던 처가의 지원이 끝났다는 것이 큰 문제였다. 할 줄 아는 거라고는 군대에서 배운 것밖에 없었던 그는 라틴아메리카로 눈을 돌렸다. 당시 스페인의 식민지였던 라틴아메리카는 1811년 베네수엘라를 필두로 하여 독립을 선언하고 스페인과 내전을 벌이기 시작했다. 1812년 라틴아메리카로 건너간 맥그레거는 베네수엘라, 뉴그라나다, 플로리다를 위해 차례로 싸우며 명성을 키웠다.

영국인들에게 새로 독립한 라틴아메리카 국가의 인기는 높았다. 프랑스와 한창 전쟁을 벌였던 18세기 중반 이래로 영국은행은 콘솔이라는 이름의 채권을 팔았다. 그리고 콘솔을 소장한 사람은 매년 쿠폰이라고 불리는 이자를 '영원히' 받을 수 있다고 약속했

　　　　　　　　　　　　　　무가물과 통정매매

다. 콘솔의 쿠폰율은 연 3퍼센트였다.

매년 3퍼센트의 쿠폰을 영원히 주어야 하는 콘솔이 영국은행에 부담이 되지 않을 리가 없었다. 단적으로 33년만 지나면 콘솔을 팔아서 번 돈보다 쿠폰으로 나간 돈이 많아질 터였다. 영국은행은 더 많은 돈을 찍어 내어 쿠폰으로 나갈 돈값을 떨어뜨리는 계획을 세웠다. 고정된 수입원밖에 없는 귀족이나 일하지 않고 상속받은 재산만으로 생활하는 미망인 등은 지속적인 물가상승에 심리적인 압박을 받았다. 이들은 조금이라도 쿠폰을 더 받을 수 있는 방법을 원했다. 기존에 누렸던 생활수준을 유지하고 싶은 마음은 예나 지금이나 그대로였다.

새로 독립한 라틴아메리카 국가의 채권은 이들의 니즈에 딱 맞는 킬러상품이었다. 1822년 3월, 런던금융시장에 데뷔한 그란콜롬비아 국채는 32억 원이 팔렸다. 1819년에 독립한 그란콜롬비아는 오늘날의 콜롬비아는 물론이고 에콰도르, 파나마, 베네수엘라에다 페루와 브라질의 일부까지 포함하는 국가였다. 그란콜롬비아 외에도 페루와 칠레 국채도 인기였다. 이들 라틴아메리카 국채는 쿠폰이 연 6퍼센트까지 나왔다.

존페링은 포야이스에 3억 2,000만 원을 빌려주었다. 그런 후 포야이스로부터 돌려받을 돈을 바탕으로 한 포야이스 국채를 발행했다. 오늘날 증권사에서 쓰는 용어로 '총액인수'를 한 것이었다. 존페링은 포야이스 정부의 모든 세입을 포야이스에 빌려준 대출의 담보로 잡았다.

만기가 30년인 포야이스 국채의 쿠폰율은 다른 라틴아메리카의 국가들과 똑같은 연 6퍼센트였다. 이것만으로도 충분히 잘 팔릴 조건은 갖춘 셈이었다. 그런데 존페링은 포야이스 국채를 20퍼센트 할인해서 팔았다. 즉 액면가 1,000만 원짜리 국채를 액면가의 80퍼센트인 800만 원에 판 것이었다. 게다가 존페링은 일시불로 내기 어려운 사람들을 위해 할부로 국채를 구입할 수 있는 증권도 발행했다. 처음에는 15퍼센트만 내고 나머지 85퍼센트는 4개월 안에 두 번에 걸쳐 나눠 내는 방식이었다.

맥그레거는 단지 포야이스 국채만 발행하게 한 것이 아니었다. 그는 포야이스로 이민 올 사람들에게 땅을 분양했다. 처음 분양가는 1제곱킬로미터당 약 44,000원이었다. 비슷한 시기 텍사스 땅 1제곱킬로미터의 매입가가 약 13,000원이었다. 즉 포야이스의 땅값은 텍사스의 3배가 넘었다. 이는 당연한 일이었다. 텍사스가 주로 메마른 사막인데 반해 포야이스는 옥수수 삼모작이 가능한 옥토였다.

높은 가격에도 불구하고 포야이스로 이민 오겠다는 사람들은 계속 나타났다. 그러자 맥그레거는 땅값을 49,000원으로 올렸다. 인상된 가격에도 수요가 줄어들지 않자 그는 분양가를 80,000원까지 높였다. 1823년 초까지 약 500명이 포야이스 땅을 분양받았다.

무가물과 통정매매

이들을 포야이스로 데려갈 배는 모두 7척이었다. 첫 번째 배인 온두라스 패킷을 탄 사람 중에는 포야이스에서 중요한 자리를 차지할 사람들이 여럿 있었다. 새로 설립되는 포야이스은행의 총재가 되기 위해 적지 않은 부모 돈을 맥그레거에게 바친 고거도 있었고, 맥그레거로부터 남작 지위를 받고 2원주민 보병 연대를 지휘할 홀도 있었다.

1822년 9월, 71명의 이민자들을 태우고 런던을 출항한 온두라스 패킷은 2개월 후인 11월에 포야이스에 도착했다. 그들이 발견한 건 모기만 가득한 열대 습지였다. 이민자들은 수도인 세인트조지프를 찾기 위해 내륙으로 수색대를 보냈지만 버려진 지 오래된 돌더미만을 찾는 데 그쳤다. 수 주 후 폭풍이 들이닥치자 온두라스 패킷은 아무 예고 없이 이민자들을 버려두고 떠났다.

1823년 1월, 약 180명의 이민자를 태운 두 번째 배 케너슬리 캐슬이 포야이스에 도착했다. 이번에 온 사람 중에는 포야이스 공주의 공식 구두 장인과 국립오페라극장의 지휘자로 일할 수 있으리라 희망에 찬 사람들도 포함되어 있었다. 불행히도 그들은 포야이스 공주를 만나지도, 국립오페라극장을 찾지도 못했다.

가장 난처한 입장에 처한 사람은 고거였다. 포야이스은행장으로서 그는 이민자가 평생 저축한 금화를 받고 맥그레거에게 받은 포야이스 지폐를 주었다. 포야이스 지폐를 쓸 곳은 아무 데도 없었다. 포야이스 지폐에 유일하게 관심을 보이는 사람은 모스키토 원주민 아이들이었다. 아이들은 지폐에 그려진 그림을 좋아했다.

그사이 모스키토왕 어거스터스를 찾아간 홀은 포야이스란 나라가 존재하지 않는다는 얘기를 들었다. 홀을 포함한 이민자들에게 남은 선택지는 모스키토 해안을 떠나는 것이 거의 유일했다. 가족을 에딘버러에 두고 왔던 포야이스 공주의 공식 구두 장인은 권총으로 자살했다.

이 소식은 영국에도 전해졌다. 영국 해군은 맥그레거의 배가 더 이상 출항하지 못하도록 가로막았다. 포야이스 국채의 가격은 액면의 10퍼센트 미만으로 떨어졌다. 존페링의 소유주인 준남작 존 페링은 성난 채권자들의 손실을 보상해주느라 물려받은 영지를 잃었다. 온두라스 패킷과 케너슬리 캐슬을 타고 포야이스로 떠났던 250명 중 적어도 180명이 병으로 죽었다. 1823년 10월 12일, 영국으로 돌아온 사람은 채 50명이 되지 않았다.

그중 그나마 형편이 나은 사람은 고거였다. 금화를 챙긴 고거는 영국으로 돌아가지 않고 미국으로 건너갔다. 미국에서 그가 어떠한 삶을 살았는지 확인할 수 있는 기록은 없다.

맥그레거는 어떻게 되었을까? 그는 생존자가 영국으로 돌아오기 직전에 런던을 떠나 파리로 갔다. 그는 자기야말로 사기의 피해자이며 영국령 온두라스의 사악한 상인들이 포야이스의 개발을 망가뜨렸다고 주장했다. 1825년 맥그레거는 파리에서 다시 4억 8,000만 원의 대출과 약 2,000제곱킬로미터의 포야이스 분양권

　　　　　　　　　　　　　　무가물과 통정매매

을 파는 데 성공했다. 동업자 세 명과 함께 프랑스에서 재판을 받았지만 홀로 무죄로 풀려났다. 다시 런던으로 돌아와서는 1827년과 1828년 두 차례에 걸쳐 포야이스 국채와 할부 증권을 소량이지만 팔았다. 1838년 베네수엘라로 건너간 뒤에는 베네수엘라군에게 영웅 대접을 받으며 살다가 1845년에 세상을 떠났다.

♤

무가물로 돈을 불리는 데에는 새로운 앵글이 있다. 기존에 우리가 해결하지 못하던 난제 하나를 이를 통해 해결하는 것이다.

앞에서 살펴본 아이번 보스키 사례로 돌아가보자. 보스키와 그 일당이 내부자거래로 돈을 불릴 때 한 가지 문제는 돈 받은 흔적이 남는다는 것이었다. 돈이 오고 간 흔적만 들키지 않으면 대가를 받지 않았다고 우길 여지가 생긴다. 아쉽게도 국가에서 만든 돈은 사과 상자에 현금을 담아주는 것 말고는 흔적을 남기지 않을 방법이 없다. 문제는 사과 상자에 담긴 돈만으로는 양에 차지 않는다는 점이다.

이 때문에 많은 사람이 스위스은행, 혹은 케이맨제도나 영국령 버진군도 같은 조세회피처의 듣도 보도 못한 은행을 이용했다. 가령 영국령 버진군도는 2022년 4월에 총리가 마약을 밀수해주는 대가로 8억 4,000만 원을 받았다가 현장에서 체포될 정도로 우리

편이 많은 곳이었다.

　이 방법은 완벽한 방법이 아니었다. 스위스은행은 미국 법무부의 위협에 굴복해 고객의 계좌 정보를 넘겼다. 조세회피처의 계좌도 해커들이 심심하면 빼내곤 했다. 즉 이 방법은 돈이 오고 간 흔적을 발견하기에 까다롭다 뿐이지 불가능하게 만드는 방법은 아니었다.

　한 가지 방법이 더 있었다. 그림 시장을 이용하는 것이었다. 방법은 이랬다. 먼저 믿을 만한 대리인을 통해 그림을 산다. 나를 노출시키지 않는다는 의미다. 너무 유명한 그림을 사면 사람들의 입에 오르내릴 수 있기 때문에 적당한 그림을 사는 것이 좋다. 그런 후 청탁이 필요할 때 그림을 선물한다. 그림을 산 가격이 있는 데다가 작가마다 시세가 있으므로 받는 쪽에서 얼마짜리를 받았는지를 불안해하지 않을 수 있다.

　그림을 주고받는 건 다른 장점도 있다. 일단 개인 간 거래가 이루어지기에 아무도 모르게 할 수 있다. 소유권을 등기할 필요가 없다는 뜻이다. 또 필요하다면 적당한 시점에 팔아서 다시 돈으로 바꿀 수도 있다.

　세금 면에서도 유리하다. 먼저 그림은 재산세나 취득세의 대상이 아니다. 얼마짜리를 갖고 있든 혹은 갖게 되었든 세금을 내지 않는다. 물론 팔 때는 세금을 내야 할 수 있다. 그러나 여기도 구멍을 우리가 많이 내놨다. 한국법상 살아 있는 작가의 작품은 그게 얼마에 팔리든 간에 면세다. 그러니 생존 작가의 그림을 팔면 계좌이체로 돈을 받아도 걱정이 없다.

죽은 작가의 작품을 파는 경우도 세제상 혜택이 있다. 일단 6,000만 원 이내면 비과세다. 6,000만 원을 넘으면 어떻게 될까? 이 경우 산 가격을 묻지 않고 판 가격에 대해 기타소득으로 간주한다. 판 가격의 22퍼센트를 세금으로 낸다는 의미다. '너무 많은데?' 하고 생각할 듯싶다. 한 가지가 더 있다. 판 가격의 90퍼센트가 필요경비로 인정된다. 달리 말해 1억 원에 팔았으면 1억 원의 90퍼센트인 9,000만 원을 빼고 남은 1,000만 원에 대해서만 세금을 내면 된다.

이 모든 방법이 여전히 귀찮을 수 있다. 근본적인 해결 방법이 없을까? 있다. 은행이 아닌 컴퓨터로 숫자를 주고받으면 된다. 주고받는 숫자를 암호화시키면 미국 법무부도 그것이 무엇인지 알 길이 없다.

사이퍼펑크의 창시자 티머시 메이의 꿈이 그랬다. 사이퍼펑크는 가상의 세계인 사이버공간을 주 무대로 하는 펑크, 즉 사이버펑크의 한 분파로 암호를 중시했다. 펑크는 원래 사전적으로 매춘부를 뜻하는 말로서 깡패나 불량배라는 뜻도 있다. 여기서의 펑크는 1970년대의 반항적인 문화를 따르는 사람을 가리킨다. 일명 모히칸 스타일이라 불리는 염색한 뾰족머리나 징 박힌 액세서리, 체인, 문신, 마약 등이 펑크를 상징했다.

메이는 미국 소설가 아인 랜드를 열렬히 추종했다. 『으쓱대는 아틀라스』를 쓴 랜드는 세상에서 국가와 사회가 사라져야 한다고 주장했다. 랜드에게는 능력 있는 개인만이 가치 있는 존재였다. 별 볼 일 없는 사람은 짓밟히는 것이 자연의 섭리였다. 랜드에 심취한 메이가 인종차별주의자인 것은 당연했다. 메이처럼 랜드를 교주로 떠받든 또 다른 사람으로 앨런 그린스펀이 있었다.

메이는 1988년 「암호무정부주의자 선언」을 내놓았다. 칼 마르크스의 「공산당 선언」을 염두에 둔 글이었다. 공산당 선언이 "유령 하나가 유럽을 떠돌고 있다, 공산주의의 유령이."로 시작하듯 메이의 선언은 "유령 하나가 현세를 떠돌고 있다, 암호무정부주의자의 유령이."로 시작했다. 완전히 베꼈다는 얘기를 듣기는 싫었는지 메이는 끝부분은 다음처럼 조금 바꿨다. "봉기하라, 철조망 외에 잃을 것이 없다!"

메이의 또 다른 아이디어는 블랙넷이었다. 1993년 8월, 메이는 사이퍼펑크들에게 블랙넷을 소개하는 이메일을 보냈다. 15년 뒤 비트코인을 소개하는 최초 이메일과 비슷했다. 블랙넷은 암시장과 익명성이 결합된 글자 그대로 '검은 네트워크'였다. 기업비밀 정보를 돈으로 사고팔자는 아이디어였다. 반도체의 영업비밀이나 첨단 테크놀로지에 관련된 기밀 등이 예로 제시되었다.

메이의 블랙넷은 이내 진화했다. 제임스 벨의 '암살 정치'였다. 매사추세츠기술원에서 화학을 공부한 벨은 1997년 사이퍼펑크메일링리스트로 정치인과 공무원을 암살하는 시장을 제안했다. 좀더 구체적으로 특정 인물이 언제 어디서 죽을지를 놓고 사람들이 내기를 건다. 표적이 죽고 나면 가장 가깝게 날짜를 맞힌 사람이 추적이 불가능한 암호 판독을 독식한다. 그 사람은 아마도 직접 살인을 교사했거나 혹은 살인 청부업자일 터다.

메이는 벨의 암살 정치가 문제라고 생각하지 않았다. 다만 좀더 쉬운 방법이 있는데 괜히 번잡하게 만들었다고 생각했다. 메이의 생각은 이랬다. 먼저 정체가 노출되지 않는 구성원으로 네트워크를 만든다. 익명의 구성원 골프가 제거하고 싶은 타깃을 제안하면 나머지 구성원이 살인을 해주는 수수료를 입찰한다. 골프는 가장 낮은 가격을 제시한 구성원 호텔에게 일을 준다. 살해가 이뤄지면 골프는 호텔에게 추적이 불가능한 암호 돈으로 수수료를 준다. 즉 살인 시장을 만드는 편이 훨씬 깔끔하다는 것이었다.

미국의 수도를 수소폭탄으로 날려버리자고 진지하게 주장한 메이에게 살인은 아무것도 아니었다.

암호 숫자로 돈을 불리는 일은 너무나 쉽다. 숫자를 기록해놓는 프로그램을 하나 짠다. 그 숫자가 유한하다는 인상을 심어주는 것이 중요하다. 무한히 커지도록 프로그램하지 않는 한 프로그램 속의 숫자가 유한한 건 당연하다.

그다음 프로그램 속의 작은 숫자와 돈을 맞바꾼다. 초창기에는 그 숫자와 피자 두 판을 바꾸었다. 숫자가 어디 간 건 아니었다. 프로그램 전체 숫자의 작은 일부가 기존과 다른 변수를 가리키게 한 것이 전부였다.

이걸 몇 번 하면 사람들이 관심을 갖기 시작한다. 인간은 대체로 자기 생각 없이 다른 사람을 따라 할 뿐인 동물이기 때문이다. 이 때 가격이 오르고 있는 그래프를 보여주면 더 효과적이다. 그리고 숫자가 유한하기 때문에 귀한 것이고, 귀하기 때문에 가격이 더 오를 것이라는 말을 반복하면 끝이다. 이후 불나방은 알아서 꾀어들기 마련이다.

이때 다른 변수들을 가리키는 프로그램 속 숫자가 너무 커지지 않도록 주의해야 한다. 가령 전체 숫자가 100이라면 60에서 80 정도는 나를 가리키는 변수에 남겨야 마땅하다. 나머지 20에서 40을 다른 사람들이 가지고 놀게 둘 일이다.

그러면 암호 숫자로 돈을 어떻게 불릴 수 있을까? 간단하다. 불나방끼리 암호 숫자를 두고 거래를 하기 때문이다. 숫자 1이 1억 원에 거래되면 내 숫자 70은 이제 70억 원이 된다. 숫자 0.01이 1억 원에 거래되면 내 70은 7,000억 원이요, 숫자 0.0001이 1억 원에 거래되면 내 70은 이제 70조 원이 되는 것이다.

여기까지 이해했다면 그다음 과정도 저절로 이해될 것이다. 숫

　　　　　　　　　　　　　무가물과 통정매매

자와 돈을 바꾸는 것은 굳이 다른 사람에게 의존할 필요가 없다. 내가 변수를 2개 만든 다음에 숫자가 두 변수 사이를 왔다 갔다 하게 해도 된다.

예를 들어 변수 인디아는 변수 줄리엣에게 1을 주면서 1,000만 원을 받는다. 대외적으로는 이제 숫자 1은 1,000만 원이다. 다음 줄리엣은 인디아에게 0.1을 주면서 인디아에게 받았던 1,000만 원을 그대로 되돌려준다. 대외적으로 숫자 1의 가격은 1억 원으로 열 배가 뛰었다. 다음은 뭘까? 맞다. 줄리엣이 인디아에게 0.01을 주면서 또 1,000만 원을 보낸다. 이제 숫자 1은 10억 원이다. 내가 가진 돈은 1,000만 원이 전부지만 이제 내 숫자 70은 700억 원 가치다. 숫자가 인디아에 있냐 줄리엣에 있냐는 아무런 상관이 없다. 이걸 가리켜 '자전거래'라고 부른다.

이 과정을 조금 더 응용할 수도 있다. 프로그램을 하나가 아니라 2개 만드는 것이다. 각각의 프로그램은 각각의 숫자를 갖는다. 첫째 프로그램 숫자 1이 10억 원일 때 첫째 프로그램 숫자 1과 둘째 프로그램 숫자 0.1을 맞바꾼다. 그러면 둘째 프로그램 숫자 1은 100억 원짜리가 된다. 숫자와 숫자를 주고받기에 돈이 아예 들지 않는다는 게 이 방법의 큰 장점이다. 프로그램을 하나 더 만듦으로써 내 재산은 새로이 7,000억 원이 추가되었다. 내가 쓴 돈은 제로다.

숫자를 주고받는 걸 꼭 나 혼자서 할 필요는 없다. 다른 한 명과 짜고서 해도 된다. 이를 가리켜 '통정매매'라고 부른다. 자전거래와 통정매매는 금융시장에서 중요한 돈 불리기 수단이다. 일명 작전이라고 불리는 돈 불리기에서 이 두 방법을 사용하지 않는 경우란 없다.

이처럼 금융시장에서 확립된 돈 불리기 수단인 자전거래와 통정매매를 무가물과 결합시키면 내 돈은 무한대로 늘어난다.

무가물과 통정매매

10장

거래를 위한 거래를 가능하게 해 돈을 뜯는다

거래소와 통행세

앞 장에서 살펴본 무가물로 돈을 불리려면 다음 세 가지 전제조건이 만족되어야 한다. 첫째, 무가물을 쉽게 살 수 있어야 한다. 둘째, 구입한 무가물을 도로 쉽게 되팔 수 있어야 한다. 셋째, 시세를 쉽게 확인할 수 있는 방법이 있어야 한다. 이러한 세 가지 조건이 모두 만족되지 않으면 자투캄 사례처럼 쿠데타로 공포 분위기가 조성되지 않는 한 무가물로 돈 불리기는 쉬운 일이 아니다.

첫째와 둘째의 조건에 충족하는 존재를 우리는 이미 앞에서 만났다. 바로 마켓 메이커다. 셋째 조건은 마켓 메이커와 상관이 없다. 일례로, 5장에서 이야기한 라푼 형제는 양방향으로 기꺼이 거래했지만 시세를 적극적으로 알리려는 마음은 없었다. 즉 마켓 메이커는 누군가 거래하겠다고 나타나면 거래를 하겠다는 수동적인 입장이지, 적극적으로 거래를 찾아다니거나 홍보하는 능동적인 입장은 아니다.

그렇다면 금융시장에서 셋째 역할을 맡는 곳이 있을까? 물론 있다. 사실 우리는 이미 그곳을 앞에서 접했다. 9장에서 맥그레거가 포야이스 국채를 팔 수 있었던 이유가 이곳 때문이었다. 바로 거래소다. 포야이스 국채는 런던증권거래소에서 거래되었다.

1801년에 생긴 런던증권거래소가 영국 최초의 거래소는 아니었다. 영국 최초의 거래소는 1571년에 생긴 왕립거래소였다. 영국의 여왕 엘리자베스 1세가 왕립 딱지를 붙여준 왕립거래소의 원래 거래 품목은 술이었다.

기억력이 좋은 독자라면 1장에 나왔던 네덜란드 동인도회사의 숙적, 영국 동인도회사를 기억할 것이다. 사실 영국 동인도회사는 1602년에 생긴 네덜란드 동인도회사보다 2년 먼저 생겼다. 그렇다면 왜 네덜란드 동인도회사가 세계 최초의 상장주식이 된 걸까? 이유는 영국 동인도회사를 만든 사람들이 회사가 노략질과 아편무역 등으로 벌어들인 돈을 배당으로만 받으려고 생각했기 때문이었다. 즉 영국 동인도회사 주식은 원래 거래의 대상이 아니었다.

영국인들은 변화를 반기는 사람이 못 되었다. 옛날부터 있어 왔으니 왕도 없애지 말고 그대로 두자는 사람들이었다. 그런 영국인들은 옆 나라 네덜란드의 금융 난리를 대체로 그냥 지켜보았다. 그로부터 약 100년 후에 태어난 애덤 스미스가 "국가의 부는 국가가 가진 금이나 영토의 많음이 아니라 사람들의 노동에 달려 있다"는 주장을 할 정도였다.

물론 모든 영국인이 스미스의 생각에 동의하지는 않았다. 영국에도 부란 그저 남들보다 돈을 많이 가진 상태라고 생각하는 사람들이 있었다. 바로 거래로 먹고사는 상인들이었다. 거래에 맛을 들인 이들은 세상을 오직 거래로만 이해했다. 이들에게 거래란 돈을 불리는 최고의 수단이었다. 더 많은 종류의 거래 대상은 곧 돈을 불릴 수 있는 더 많은 기회를 의미했다. 이들이 보기에 영국 동인도회사 주식도 그러한 거래 대상이 되지 말란 법이 없었다.

17세기 후반, 이들은 왕립거래소에서 주식거래를 했다. 이들의 거래는 오래가지 못했다. 난폭과 무례를 견디다 못한 왕립거래소가 1698년 이들을 쫓아냈기 때문이었다. 상인 가운데 질이 가장 낮았던 이들은 당시 런던에서 유행하던 커피하우스로 몰려들었다. 샌드위치와 커피를 파는 커피하우스는 말하자면 오늘날의 카페 같은 곳이었다.

특히 이들이 자주 애용하던 곳으로 조너선스나 개러웨이스가 유명했다. 1680년 조너선 마일스가 연 조너선스는 원래 로또를 팔던 곳이었다. 1657년 토머스 개러웨이가 담배와 홍차를 팔면서 시작된 개러웨이스는 2장에 나온 허드슨스베이가 최초로 곰 가죽을 판 곳이기도 했다. 즉 돈 불리기의 관점에서 두 곳 모두 유서 깊은 곳이었다.

왕립거래소에서 쫓겨난 상스러운 이들과 엮인 사람 중에 1642년에 태어난 아이작 뉴턴이 있다. 케임브리지대학을 졸업하고 고전역학을 정립한 뉴턴은 그 유명세에 힘입어 1699년 왕립조폐청장이 되었다. 이어 1703년 왕립학회장이 된 그는 1727년에 죽을 때까지 두 자리를 모두 지켰다. 즉 그는 당대 영국에서 자타가 공인하는 가장 머리 좋은 사람이었다.

뉴턴은 왕립조폐청 일에 진심이었다. 영국 왕실의 금화와 은화를 찍어내는 곳인 왕립조폐청의 또 다른 임무는 바로 금화 위조범의 색출이었다. 왕실만이 발행할 수 있는 국가의 돈을 함부로 만드는 일은 중대한 반역죄로 간주되었다. 그 처벌은 교수대에 걸거나 물에 빠뜨리거나 혹은 몸을 4조각으로 만드는 것이었다. 직접 선술집의 주정뱅이 단골로 위장해 위조범 정보를 모을 정도로 열성적이었던 뉴턴은 1700년에 28명을 처형시켰다.

뉴턴은 영국 남해회사 주가가 정점을 기록하던 1720년 3,500만 원어치의 남해회사 주식을 샀다. 얼마 후 주가 버블이 터지고 그가 되찾은 돈은 300만 원에 불과했다. 2022년의 돈 가치로 환산하면 뉴턴이 잃은 돈은 약 57억 원이었다. 당시 남해회사 주식이 거래되던 곳이 바로 조너선스와 개러웨이스였다. 두 곳은 1748년

거래소와 통행세

화재로 사라졌다. 그리고 이곳을 드나들던 이들이 다시 만든 곳이 바로 런던증권거래소였다.

그 후 신분을 막론하고 자기 앞에서 남해회사 이야기하는 것을 금지시켰던 뉴턴은 "나는 별들의 움직임은 계산할 수 있지만 사람들의 광기는 계산할 수 없다"는 말을 남겼다.

♤

거래소가 돈을 버는 방법은 마켓 메이커와 다르다. 마켓 메이커는 이론상 비드-오퍼 스프레드를 통해서, 실제로는 프런트 런이나 벌거벗은 공매도 혹은 스푸핑 같은 시세 조종으로 돈을 번다. 즉 마켓 메이커는 직접거래를 하는 주체다.

그 반면 거래소는 직접거래하지 않는다. 거래가 일어나도록 판을 깔아주는 역할에 그쳐야 거래소다. 만약 거래소가 직접거래의 상대방이 된다면 그건 진짜 거래소가 아니다. 거래소라는 이름을 사용함으로써 사람들에게 안전하다는 느낌을 주려는 것일 뿐, 본질은 버킷숍이다.

예를 들어보자. 요즘 유행하는 것 중에 소유권을 잘게 쪼개 거래하는 방법이 있다. 음원이나 그림이 대표적이다. 음원은 저작권 수익의 일정 비율을 받고 또 나중에 음원 지분의 시장가격이 오르면 비싸게 되팔 수 있다. 그림은 소유권을 100퍼센트 가져야 보관과

온전한 관람이 가능하므로 그림의 작은 지분을 샀을 경우 가격 상승만이 유일하게 기대할 수 있는 혜택이다.

즉 소유권의 작은 지분 거래는 소유권을 증권으로 만드는 것과 다름없다. 증권으로 간주되면 유감스럽게도 금융업 관련 법규가 적용된다. 온전한 소유권 전체가 아닌 지분 거래는 세금도 불리하다. 가령 9장에서 이야기한 그림 전체를 사면 주어지는 세금 혜택이 완전히 사라진다. 그건 지분 거래를 하는 개미의 문제일 뿐, 지분 거래를 만드는 사람의 문제는 아니다. 소유권을 증권화해 거래하게 한 쪽은 거래의 속성 때문에 거의 언제나 떼돈을 번다.

지분 거래의 본질을 설명하려고 시도한 사람 중에 앨리슨 웬햄이 있다. 웬햄은 1999년 영국에서 생긴 독립음악협회의 대표로 17년간 있었던 독립 음악계의 대모다. 웬햄은 음원의 저작권을 쪼개 파는 걸 두고 "공산주의의 흔적이 있는 자본주의나 혹은 자본주의의 기미가 있는 공산주의"로 이해할 수 있다고 설명했다. 국제저작자작곡자단체연맹 회원들은 웬햄의 설명을 좋아하지 않았다.

거의 예외 없이 음원이나 그림의 지분 거래는 해당 거래소 자체 혹은 거래소와 연결된 곳이 지분을 사서 잘라 파는 역할을 맡고 있다. 즉 이런 지분을 산 사람의 권리는 오직 해당 거래소의 선량한 의지 내에서만 유효하다. 달리 말해 어느 날 갑자기 해당 거래소가 문 닫고 사라져도 방법이 없다. 버킷숍이라는 뜻이다.

그렇다면 진짜 거래소는 무엇으로 돈을 버는 것일까? 그러니까

거래소를 만들면 왜 돈이 되는 것일까? 거래소는 거래소를 통해 이루어지는 모든 거래에 수수료를 물린다. 일종의 자릿세로 생각하면 이해가 쉽다. 옛날에도 장사 좀 하려고 하면 어깨에 힘 들어간 형님들이 나타나서 정기적으로 돈을 걷었다. 그런 것과 비슷하다고 보면 된다.

거래소가 돈을 버는 방법은 거래당 물리는 수수료가 전부다. 수수료는 정액일 수도 있고 정률일 수도 있다. 거래 건당 얼마씩 받기도 하고 거래액의 일정 비율을 받기도 한다는 뜻이다. 어느 쪽이든 결과는 대략 비슷하다. 거래소는 자기가 받는 돈의 총량을 늘리려고 한다. 거래소가 어느 한쪽을 택했다면 그건 그쪽이 더 돈이 되기 때문이다.

그러므로 거래소의 목표는 언제 어디서나 똑같다. 보다 더 많은 거래를 일으키는 것이다. 그래야 거래소가 더 많은 돈을 불릴 수 있다. 거래소를 이용하는 마켓 메이커와 거래자가 돈을 얼마나 따고 잃는지는 관심사가 아니다. 거래자가 열 명일 때 그중 한 명만 돈을 따고 나머지 아홉 명은 늘 돈을 잃어도 아무 상관이 없다. 그런 것은 정말 중요하지 않다. 누가 돈을 따든 거래만 많이 일어나면 그만이다.

거래소는 거래 대상의 가격이 올라야 거래가 더 많이 일어난다는 사실을 경험상 안다. 그래서 규칙을 바꿔서라도 거래물의 가격을 더 올리려 한다. 그런 의미에서 공평한 거래 이익의 발생은 거

래소에 재앙이다. 거래소는 소수의 승자가 이익을 독점하는 불공
평한 분배를 원한다. 그래야 소셜미디어에 람보르기니 사진을 올
리는 마케팅 거리가 생긴다. 카지노가 잭팟을 맞은 행운아를 적극
홍보하는 것과 같은 원리다.

거래소가 돈을 불리는 최종 단계의 수단은 자기 자신을 거래 대
상으로 삼는 것이다. 스스로를 주식회사로 만든 후 자신의 거래소
에 상장시키면 궁극의 돈 불리기가 완성된다.

지금부터 하려는 이야기는 정말로 중요하다. 이걸 지켜내지 못하
면 단지 거래소로 돈을 불리지 못하는 것으로 그치지 않는다. 1장
부터 9장까지 모든 돈 불리기 방법이 고스란히 악영향을 받는다.

가령 9장의 무가물 숫자만 해도 중국처럼 그 거래를 도박으로
보고 불법으로 만들면 시장은 순식간에 붕괴된다. 흔적이 안 남는
돈이 필요한 마약상은 여전히 온라인 숫자를 쓰려고 하겠지만 암
시장만 쓰는 숫자와 진짜 돈을 교환할 합법적인 방법이 사라지면
숫자도 사라진다. 얼마로 바꾸게 될지 모르는 숫자를 받을 만큼 마
약상 간의 비즈니스 신뢰는 높지 않다.

경제학은 소음을 걱정할 필요가 없다고 가르친다. 거래는 기본
적으로 건강하며 따라서 더 많은 거래는 더 좋은 것이다. 거래가

많아질수록 시장은 새로운 정보를 더욱 잘 처리하게 된다. 거래에 일부 소음이 낄 수도 있겠지만 이는 보다 많은 거래로 걸러낼 수 있다. 따라서 더 많은 거래가 일어나게 해주는 거래소를 함부로 옥죄면 안 된다.

사실대로 말하자면 이 가르침은 사실이 아니다. 이건 극비 중의 극비다. 이 교리는 프로파간다. 하지만 주기적으로 벌어지는 금융시장의 위기마저 숨길 수는 없었다. 그때마다 적당한 희생양을 찾아 책임을 돌리는 식으로 해결해왔다. 사람들이 진짜 원인에 눈을 돌리지 않게 하는 조작은 지금까지는 성공적이었다.

그렇다면 무엇이 사실일까? 이를 밝혀낸 사람의 소개 없이 이 이야기를 할 수는 없다. 1891년 미국 일리노이에서 태어난 월터 슈하트는 캘리포니아버클리대학에서 물리학으로 박사를 받았다. 벨 전화에서 송신기의 잡음을 없애는 일을 했던 그는 이후 웨스턴전기로 옮겨 제품의 불량을 검사하고 줄이는 엔지니어로 일했다.

1924년 슈하트는 한 장짜리 보고서를 만들었다. 제품의 품질 변동은 우연원인과 이상원인의 두 가지가 합쳐진 결과라는 것이었다. 우연원인은 운과 같은 무작위한 요인을 가리켰다. 할당원인은 운과 무관한 특수한 요인에 해당했다. 이후 웨스턴전기는 우연원인과 이상원인을 각각 자연 패턴과 비자연 패턴이라고 불렀다. 즉 전자가 소음이라면 후자는 신호였다.

슈하트 보고서의 핵심은 단지 품질 변동의 원인이 운과 운이 아닌 걸로 나눌 수 있다는 데서 그치지 않았다. 이 둘을 구별하지 않고 무턱대고 변동에 대응하다 보면 품질이 더 나빠진다는 것이 핵심이었다. 좀더 정확하게는 이상원인에 기인한 변동에 대응하면 변동이 줄어들지만 우연원인에 기인한 변동에 대응하면 변동이 오히려 더 커진다는 것이었다.

슈하트는 해결책도 내놓았다. 품질 변동을 보여주는 컨트롤 차트, 즉 관리도의 사용이었다. 운에 기인하는 변동이 있기 마련이므로 변동이 어느 범위 내라면 손을 대지 않고 내버려두는 방법이었다. 변동이 범위를 벗어난다면 그건 이상원인이 있다는 뜻이므로 그때는 제조 프로세스를 수정할 필요가 있다는 것이었다.

슈하트의 혜안을 널리 퍼뜨린 사람은 1900년 미국 아이오와에서 태어난 에드워드 데밍이었다. 와이오밍대학에서 전기공학을 공부하고 예일대학에서 수학과 물리로 박사학위를 받은 데밍은 박사과정 중 웨스턴전기에서 인턴을 하면서 슈하트의 보고서를 접했다. 이후 그는 슈하트의 방법에 기반을 둔 일명 품질경영의 구루가 되었다.

쉽게 말해 슈하트는 소음에 반응하면 소음 수준이 더 커질 뿐이라는 걸 보여주었다. 엔지니어들은 즉시 슈하트의 가르침을 깨닫고 받아들였다. 전화기를 만들던 웨스턴전기는 콘덴서와 저항을 조합해 소음을 거르는 전기회로를 모든 전화기에 달기 시작했다. 오늘날 우리가 소리의 왜곡 없는 깨끗한 통화를 할 수 있는 이유다.

거래소와 통행세

거래소에서 거래되는 모든 거래가 신호일까? 그럴 리는 없다. 대부분은 소음에 지나지 않는다. 따라서 그러한 소음, 즉 단기 가격변동에 반응하는 또 다른 거래는 소음을 증폭시킬 뿐이다.

그렇다면 소음을 거르고 신호만 남길 수 있는 방법이 없을까? 없지 않다. 거래를 덜하게 만들면 된다. 거래 시간을 줄이는 것은 시작에 불과하다. 실시간 거래를 하지 말고 하루치 판매와 구매 물량을 모아서 체결 가격을 정하는 타톤망* 같은 걸 쓸 수도 있다. 새로운 가격이 이전 가격과 의미 있게 차이 날 때만 거래를 인정하는 방법도 있을 수 있다. 하려고 하면 방법은 얼마든지 만들 수 있다.

물론 그런 일이 벌어지면 안 된다. 지금 하고 있는 방법 말고 다른 방법이 있다는 걸 사람들이 알게 해서도 안 된다. 더 많은 거래가 최선이라는 교리를 사람들이 덮어놓고 믿도록 만들어야 한다.

왜냐하면 소음이 더 큰 소음을 낳는 현재의 방식이 유지되어야 우리가 계속 돈을 불릴 수 있기 때문이다.

♤

암호 숫자는 처음 세상에 나왔을 때 암호화되어 해킹이 불가능한 가상의 돈을 표방했다. 동시에 화폐 혹은 통화라는 단어는 쓰지

★ tatonnement.

않으려고 조심했다. 잘못했다가는 처음부터 국가의 돈을 위조한다는 죄로 문을 닫게 될 수도 있었으니까.

그들이 약삭빠르게 선택한 단어는 동전이었다. 국가가 잔돈푼처럼 느껴지는 가상 동전에 손을 대는 건 도대체 폼이 나지를 않았다. 골동품 같은 옛날 동전을 사고파는 것이 불법은 아니었다. 실제와 동떨어진 암호 숫자의 동전 모양 그림 파일은 돈 같은 느낌을 주는 데 백서보다 훨씬 효과적이었다.

그들의 주장과 달리 암호 숫자는 돈이 되지 못했다. 집 앞 편의점에서 돈 대신 사용하게 하려는 모든 시도는 실패했다. 돈이 될 수 없는 것은 당연했다. 가격이 변하는 것은 그 불안정성 때문에 돈으로서의 자격 미달이었다.

16세기 영국의 여왕 엘리자베스 1세의 집사 금융인이었던 토머스 그레셤이 밝힌 '그레셤의 법칙'도 같은 결론을 가리켰다. 두 종류 이상의 돈이 유통되고 있을 때 그것이 모두 돈으로 사용되는 일은 없고 언제나 한 종류만 사용된다는 법칙이었다. 값이 오르는 것은 내다 쓰지 않고 장롱 속에 숨겨두기 때문이라는 것이었다. 왕립거래소를 세운 장본인인 그레셤은 왕립거래소의 자릿세로 매년 112만 원을 거두었다. 당시 63명의 숙련된 장인 연봉에 준하는 돈이었다.

암호 숫자를 돈으로 인정받게 하려는 시도는 그 뒤로도 있었다. 그중 한 가지가 법정화폐에 연동하는 방법이었다. 이 방법은 자체로 모순이었다. 암호 숫자의 일부에 해당하는 법정화폐만 가진 경우 결과적으로 법정화폐를 위조하는 꼴이 되었다. 이를 피하기 위해 암호 숫자 전체에 해당하는 법정화폐를 가지는 경우 암호 숫자는 온라인상품권과 다르지 않았다. 어느 쪽이든 간에 값이 오르지 않는 암호 숫자를 원하는 사람은 많지 않았다.

이제 암호 숫자에 남은 것은 언젠가 값이 오를 거라는 것이 전부였다. 동전이나 통화 대신 슬쩍 가상 자산이라는 말을 쓰기 시작한 시점이었다. 값이 오를 것이라는 유일한 근거는 암호 숫자가 늘어나지 않게 프로그램되어 있다는 것이었다.

만약 그것이 이유가 된다면 지구상에 존재하는 산업폐기물이나 지구온난화를 일으키는 이산화탄소도 값이 오를 터였다. 둘 다 유한한 것은 마찬가지였다. 암호 숫자가 유한하다는 것도 결과적으로 보면 사실과 거리가 있었다. 개별 암호 숫자는 유한할지라도 암호 숫자의 종류는 나날이 늘어났다.

즉 암호 숫자는 오직 거래소의 거래를 통해서만 그 존재 의의를 확인할 수 있었다. 이게 도박이 아니라면 세상에 도박일 수 있는 것은 아무것도 없었다.

암호 숫자 거래소도 다른 거래소처럼 수수료를 받았다. 그런데 통상의 증권거래소와 한 가지 면에서 차이가 있었다. 수수료를 돈으로 받지 않고 암호 숫자로 받는다는 점이었다. 자기들이 암호 숫자를 돈이라고 주장하고 있기에 얼핏 생각하면 아무 문제가 없는 일이었다.

하지만 조금만 더 생각해보면 요상한 일이었다. 거래가 계속될수록 거래자의 암호 숫자는 점점 거래소의 차지가 될 터였다. 수학적 확실성으로서 언젠가는 모든 암호 숫자가 거래소 것이 된다는 말이다. 왜 거래소가 끊임없이 새로운 암호 숫자의 발굴에 목을 매는지 짐작하기는 어렵지 않았다.

이 외에도 암호 숫자 거래소로 돈을 불리려 할 때 전통적인 수법도 얼마든지 가능했다. 캘리포니아버클리대학을 졸업하지 못한 제드 맥케일럽은 2007년 마운트곡스라는 도메인을 샀다. 매직더개더링이라는 컴퓨터 카드 게임의 거래소를 만들려는 생각이었다. 매직더개더링의 카드 거래는 많지 않았기에 맥케일럽의 수수료 수입도 신통치 않았다.

2010년 후반, 맥케일럽은 마운트곡스의 거래물을 비트코인이라는 암호 숫자로 바꾸었다. 그쪽이 거래가 더 많이 일어날 것 같아서였다. 결과는 맥케일럽의 기대대로였다. 늘어난 거래 건수만큼 가격도 올라갔다. 2011년 맥케일럽은 마운트곡스 도메인을 1985년생 프랑스인 프로그래머 마크 카펠레에게 팔았다. 카펠레가 도쿄에 세울 마운트곡스 회사의 주식 12퍼센트를 받는 조건이었다.

마운트곡스의 암호 숫자 거래는 계속해서 늘어났다. 물론 그만큼 암호 숫자 가격도 계속 올라갔다. 2010년 맥케일럽이 마운트곡스

거래소와 통행세

의 거래물을 바꾸기 전에 10원이었던 암호 숫자 1은 카펠레가 살즈음에 1,200원으로 120배가 올랐다. 2011년 2월부터 2013년 말까지 암호 숫자 가격은 1,200배가 더 올랐다. 2014년 초, 마운트곡스의 암호 숫자 거래량은 전 세계 거래량의 80퍼센트에 달했다.

그러다가 2014년 2월, 마운트곡스는 갑자기 파산을 선언했다. 해킹이 불가능하다던 암호 숫자 프로그램이 해킹되어 암호 숫자가 사라졌다는 것이었다. 사라진 혹은 빼돌린 암호 숫자의 대부분은 복구되지 않았다.

이렇게 돈을 불리는 회사를 영어로 롱펌*이라고 부른다. 여기서 롱은 '길다'는 뜻과 아무 상관이 없고 펌도 '회사'와 별 상관이 없다. 롱은 '사기를 치는'을 뜻하는 고대 앵글로색슨어 겔랑**에서 유래된 의미로, '흠이 있는' 혹은 '실패한'을 뜻한다. 펌은 '서명, 사인'을 뜻하는 이탈리아어 피르마***를 줄인 말이다. 즉 롱펌은 '실패한 서명'이란 뜻이다. 한동안 정상적인 거래를 하면서 비즈니스 신뢰를 얻은 뒤 어느 날 갑자기 문 닫고 받은 물건을 가지고 달아나는 전통적인 수법을 가리키는 말이 롱펌이다. 롱펌이 단어로 처음 인쇄된 책은 도둑들의 속어와 은어를 정리한 영어사전이었다.

★　　　long firm.
★★　　gelang.
★★★ firma.

2019년 3월, 도쿄지방법원은 마운트곡스의 암호 숫자를 부풀린 혐의로 카펠레에게 30개월 징역형에 4년 집행유예를 선고했다.

♤

거래소로 돈을 불리는 것이 좋기는 하지만 직접 거래소를 만들려고 하면 신경 쓸 일이 많다. 거래소를 직접 만들지 않고 돈을 불릴 수 있는 방법은 없을까? 있다. 이미 있는 거래소의 거래로부터 돈을 불리면 된다. 거래소가 자릿세로 돈을 불릴 때 옆에서 따라 돈을 불리는 방법이다.

브로커, 즉 중개업자가 되면 거래소의 거래로부터 돈을 불릴 수 있다. 중개업자는 마켓 메이커와 성격이 다르다. 자기가 직접 거래물을 사서 갖고 있는 마켓 메이커와 달리 중개업자는 갖고 있는 거래물이 없다. 오로지 거래자 사이의 거래를 연결해주면서 수수료를 받을 뿐이다.

중개업자의 활동은 거래소와 마켓 메이커의 돈 불리기에 도움이 된다. 직접 거래자를 찾아다니기 쉽지 않은 거래소와 마켓 메이커를 위해 손님을 물고 오기 때문이다. 7장에서 김기덕이 나진 땅으로 돈을 불릴 때 요즘 말로 일명 '떴다방'이 했던 역할을 생각해보면 쉽게 이해할 수 있다. 중개업자는 거래물을 직접 사거나 공매도하지 않기 때문에 리스크를 전혀 지지 않는다.

즉 중개업자는 악어와 악어새의 관계처럼 거래소와 공생관계다. 거래소가 잘되는 것이 중개업자에게 좋고 또 중개업자가 잘되는 것이 거래소에 좋다. 역사적으로 보면 증권거래소는 마켓 메이커와 중개업자 들이 모여서 함께 만들었다.

리스크를 지지 않는 중개업자는 아무래도 말이 가볍다. 책임질 수 없는 말로 거래를 성사시켜 놓고 거래물의 문제에 "나랑 상관없는 일이오"하는 게 중개업자의 단골 레퍼토리다. 거래의 당사자가 아니라는 핑계를 대면서 나 몰라라 하는 지금의 플랫폼 회사들을 생각하면 된다. 엄밀히 말하자면 플랫폼 회사는 이러한 방식을 중개업자에게 배웠다.

중개업자가 되면 돈을 많이 불릴 수 있을까? 최고로 많이는 아니어도 괜찮게 불릴 수 있다. 골드만삭스에 다니는 사람들을 보면 알 수 있다. 좀더 구체적으로 알고 싶으면 프레드 쉐드가 1940년에 쓴 『고객의 요트는 어디에 있는가』를 읽어보기를 추천한다.

쉐드는 20세기 초반 뉴욕커브거래소의 중개업자였다. 뉴욕커브거래소가 1953년에 바꾼 이름이 10여 년 전까지 사용되던 미국증권거래소*였다. 뉴욕커브거래소의 커브는 차도와 인도를 구분하는 돌로 만든 경계석을 가리킨다. 즉 커브거래소는 길거리에서 주식 거래를 중개하던 중개업자들끼리 모여 만든 곳이었다.

★ American Stock Exchange.

중개업자의 수수료를 하찮은 걸로 무시하면 곤란하다. 금융업에서 중개업자의 독점적 지위는 법으로 보장되어 있다. 즉 증권을 거래할 때 일반인이 중개업자를 끼지 않고 직접 하는 건 불법이다. 우리의 귀찮은 방해꾼인 국가가 중개업자의 이익을 지키기 위해 공권력을 사용한다는 뜻이다. 즉 거래소의 수수료가 자릿세라면 중개업자의 수수료는 바로 통행세다.

통행세로 돈을 불린 사례 하나를 소개하는 것으로써 마지막 장인 이번 10장을 마치자. 발원지인 스위스에서 시작해 프랑스, 독일, 오스트리아, 룩셈부르크, 벨기에, 네덜란드를 거쳐 흐르는 라인강은 유럽을 관통하는 큰 강이다. 옛날에는 강에 띄운 배로 화물을 나르는 것이 수레나 마차보다 압도적으로 효율이 높았다. 즉 라인강은 중부 유럽 교통과 운송의 젖줄이었다.

중세 때 라인강을 끼고 있는 국가들은 모두 신성로마제국의 영지였다. 신성로마제국에서 세금 징수는 오직 황제만이 가진 권한이었다. 당시 제국의 체계는 지방에 황제의 신하를 직접 파견할 수준은 아니었다. 황제는 각 지방에 있는 귀족과 기사에게 자기를 대신해서 세금을 걷도록 했다. 신성로마제국의 모든 신민은 세금을 낼 의무가 있었다.

라인강을 지나는 배도 그중 하나였다. 황제가 라인강의 배에 부과한 세금은 과하지 않았다. 세금을 부과하는 규칙도 통일되었다. 예컨대 세금으로 정해진 수량의 은화를 내거나 혹은 싣고 있는 화

거래소와 통행세

물 일부로 내는 것이 가능했다. 세금을 냄으로써 얻는 혜택도 있었다. 배를 노리는 해적이 나타나면 황제의 군대가 해적을 진압했다. 라인강의 원활한 교통은 사람들과 황제 모두가 바라는 바였다.

1250년 프리드리히 2세가 죽으면서 신성로마제국의 황제가 사라졌다. 5년 전인 1245년 교황 인노첸티우스 2세가 프리드리히 2세를 파문한 탓이었다. 프리드리히 2세의 유일한 아들 콘라드 4세는 예루살렘 왕, 스와비아 공작, 독일 왕, 이탈리아 왕, 시칠리아 왕을 겸했지만 황제는 아니었다. 그 와중인 1254년 콘라드 4세도 세상을 떠났다.

그러자 각 지역의 귀족들은 각자 자기와 가까운 왕을 황제로 밀었다. 이탈리아 귀족들은 잉글랜드 왕 헨리 3세의 동생인 콘월 공작 리처드를, 프랑스 왕과 독일 귀족들은 카스티야 왕 알폰소 10세를 지지했다. 이러한 상태는 1273년 합스부르크 일가의 독일 왕 루돌프 1세가 황제로 선출될 때까지 계속되었다. 이 시기는 나중에 '황제가 없는 시기'라는 의미에서 대공위시대라고 불렀다.

황제가 사라지자 라인강 변의 귀족들은 물 만난 고기가 되었다. 사실 라인강은 그들의 영지가 아니었다. 황제가 없기에 라인강에서 세금을 걷을 합법적인 권한도 명분도 없었다. 라인강 자체는 공유지라기보다는 공용지였다. 즉 소유의 대상이 아니라 함께 사용하는 자연이었다. 상관없었다. 그들은 작게나마 자기만의 무력을 가진 이들이었다.

귀족들이 한 첫 번째 일은 통행세를 징수하는 검문소를 라인강 변에 설치하는 것이었다. 검문소에는 지나가는 배를 모두 세우는 병력이 상주했다. 이어 강변에 성과 감시탑도 건설했다. 통행세 바치기를 거부하는 배를 높은 곳에서 공격하기 위해서였다.

귀족들은 자기가 통제하는 구역 외에는 별 관심이 없었다. 배가 앞에서 이미 몇 번이나 통행세를 냈는지, 얼마나 냈는지, 또 앞으로 얼마나 낼지 알 바가 아니었다. 라인강 변은 너도나도 세운 촘촘한 성과 감시탑으로 빽빽하게 채워졌다.

이제 그들은 황제의 명령이나 간섭 없이 자기들 마음대로 자유롭게 돈을 뜯기 시작했다. 수백 년간 준수되어오던 세금 관련된 규칙도 깡그리 내팽개쳤다. 더 높은 금액으로 통행세를 걷는 것으로는 양에 차지 않았다. 그들은 값나가는 화물을 통째로 뺏거나 심지어는 배를 몰수하기도 했다. '강도 남작' 혹은 '강도 기사'라는 호칭이 괜히 생겨난 것이 아니었다.

강도 남작의 활약상을 짐작해볼 수 있는 흔적이 영어에 남아 있다. 통행세를 뜻하는 영어 톨*은 세금을 뜻하는 중세 라틴어 톨로네움에서 유래되었다. 흥미롭게도 톨에는 피해나 사상자 수 혹은 죽은 사람을 위해 종을 울린다는 뜻도 있다.

경제학 개념 중에 '공용지의 비극'**이라는 것이 있다. 주인이

★ toll.
★★ tragedy of the commons.

따로 없는 목초지가 있을 때 목동들은 자신의 이익을 극대화하기 위해 경쟁적으로 너무 많은 소를 목초지에 풀어놓는다. 결과적으로 남획된 목초지는 황폐화되어 아무도 쓸 수 없게 된다는 것이다. 경제학자들은 이를 해결하기 위해 영국의 인클로저운동이 생겨났다고 이야기한다. 공용지였던 목초지에 울타리를 쳐 사유재산으로 만듦으로써 목초지를 더 효율적으로 사용하게 되었다는 설명이다.

아이러니하게도 공용지의 비극이라는 개념을 제안한 사람은 경제학자가 아니었다. 스탠퍼드대학 미생물학 박사인 개릿 하딘이었다. 1968년 하딘이 공용지의 비극을 이야기한 동기는 경제학과 무관했다. 미국우생학회 부회장을 지낸 하딘은 지구의 유한한 자원을 유전적으로 덜 떨어진 인종들이 소모하는 것을 원하지 않았다.

라인강에서 벌어진 일은 공용지의 비극이 아니었다. 컬럼비아대학의 마이클 헬러는 이를 '반공용지의 비극'★이라고 불렀다. 공용지를 너무 많은 사람이 사유화함으로써 생기는 비극이라는 뜻이었다. 수많은 강도 남작이 통행세를 뜯다 보니 라인강의 운송은 더 이상 가능하지 않게 되었다. 즉 귀족들의 사익 추구로 라인강은 무역로의 기능을 상실하고 말았다.

라인강으로 화물을 운송하던 사람들에게 다른 방법은 없었을

★ tragedy of the anticommons.

까? 법에 호소하면 되지 않았을까? 소용없는 일이었다. 강도 남작이 각 지역의 법 그 자체였기 때문이다. 설령 별개의 법원이 존재한다고 하더라도 결과는 마찬가지였다. 국제형사재판소가 러시아의 우크라이나 침공을 범죄로 규정한다고 하더라도 아무것도 달라지지 않는 것과 같았다.

일부 상인은 손을 놓고 있지 않았다. 강도 남작들처럼 똑같이 무력으로 제압하려고 했다. 1254년 마인츠와 보름스 등의 70여 개 도시는 이른바 라인연맹을 결성했다. 슬프게도 이들은 돈이면 뭐든지 할 수 있다고 생각했다. 군사력도 그중 하나일 뿐이었다. 한마디로 라인연맹은 돈을 주고 용병을 고용해 강도 남작과 싸울 생각이었다.

라인연맹의 계획은 두 가지 측면에서 약점이 있었다. 첫째로 돈을 받고 싸우는 용병들은 결코 목숨 걸고 싸우지 않았다. 그들에게 전투는 그저 돈 버는 비즈니스일 뿐이었다. 초반에 약간의 성과를 거둔 뒤 용병들은 대체로 싸우는 시늉만 냈다.

둘째로 모든 상인이 용병을 고용할 돈을 내지는 않았다. 내가 돈을 내지 않고도 용병이 고용되어 강도 남작들을 몰아낼 수 있다면 그 편의 내 이익이 더 컸다. 결국 돈을 내놓은 상인은 소수에 불과했다. 즉 무임승차자가 대부분이었다. 당연하게도 라인연맹은 패했다. 강도 남작들은 그 뒤로도 500여 년간 라인강에서 통행세를 뜯으며 돈을 불렸다.

나오는 말

영화 〈이상한 나라의 수학자〉에서 배우 최민식이 연기한 수학자 이학성은 일명 오일러의 공식을 이야기하며 눈을 빛낸다. 오일러의 공식은 1707년에 태어난 레온하르트 오일러가 전혀 무관할 듯한 수학의 여러 기호, 즉 π, e, i를 연결 지어 만든 $e^{i\pi}+1=0$이라는 등식이다. 이학성은 오일러의 공식을 언급하며 "정말 아름답지 않네?" 하고 묻는다.

　학부 때 이 공식을 배우면서 멋지다고 느꼈지만 내가 수학을 배우면서 전율을 느꼈던 순간은 따로 있다. 길지 않으니 잠깐 소개하려 한다. 아리스토텔레스에 의하면 물체의 무게는 아래로 떨어지는 속도를 결정한다. 즉 무게가 많이 나갈수록 낙하 속도가 커진다. 따라서 물체의 낙하 속도는 추동력이 더해지지 않는 한 빨라질 수 없고 저항력이 추가되지 않는 한 느려질 수 없다.

이를테면 고유한 낙하 속도가 각각 4와 8인 두 물체 양키와 줄루가 있다고 하자. 양키와 줄루를 줄로 연결해 떨어뜨리면 양키에는 추동력이 가해지고 줄루에는 저항력이 가해진다. 따라서 양키는 빨라지고 줄루는 느려져야 마땅하다. 어림잡아 양키와 줄루가 한 6의 속도로 떨어진다고 짐작할 만하다. 확실히 8보다는 느려야 한다.

여기서 갑자기 우리를 비틀거리게 만드는 카운터블로가 작렬한다. 양키와 줄루를 합친 물체의 무게는 당연히 줄루보다 무겁다. 애초의 가정에 의하면 무게가 무거울수록 낙하 속도는 커져야 한다. 따라서 양키와 줄루를 합친 물체의 낙하 속도는 줄루의 낙하 속도인 8보다 커야 한다. 같은 물체의 속도가 8보다 작으면서 동시에 8보다 크다고 말할 수는 없다. 그건 모순이다.

이 모순을 해소하려면 애초의 가정이 거짓임을 인정할 수밖에 없다. 즉 아리스토텔레스의 가르침이 틀렸고 물체의 낙하 속도는 무게와 무관하다는 것이다. 이 논증을 한 사람은 1564년에 태어난 갈릴레오 갈릴레이였다. 갈릴레이가 이때 사용한 논증법이 바로 레둑티오 아드 아브수르둠이었다.

레둑티오 아드 아브수르둠은 귀류법 또는 배리법으로 번역된다. 오류로 환원됨을 보이는 법 혹은 이치에 배반됨을 보이는 법인 셈이다. 기원전의 유클리드와 아르키메데스가 수학 정리를 증명할 때부터 쓰던 방법이다. 나는 귀류법으로 이루어진 증명을 보면 정말 아름답다고 느낀다.

사실 앞 1장부터 10장까지의 본문이 귀류법이었다. '모두가 자기의 이익만 최대로 하려고 하면 사회가 최선의 상태가 된다'는 전제에서 출발했다. 앞에서 본 사회의 모습은 최선과는 거리가 멀었다. 즉 모순이었다. 따라서 '모두가 자기의 이익만 최대로 하려고 하면 사회는 개판이 된다'가 참임이 증명되었다.

Q.E.D.

나오는 말

참고 문헌

단행본

권오상, 『고등어와 주식』, 그리고 보이지 않는 손, 미래의창, 2015.
———, 『돈은 어떻게 자라는가』, 부키, 2014.
———, 『돈을 배우다』, 오아시스, 2017.
———, 『세 가지 열쇠』, 부키, 2019.
———, 『신금융선언』, 들녘, 2018.
———, 『억만장자가 되려면 대학을 중퇴해야 할까』, 클라우드나인, 2021.
———, 『이기는 선택』, 카시오페아, 2016.
———, 『파생금융 사용설명서』, 부키, 2013.
———, 『혁신의 후원자 벤처캐피털』, 클라우드나인, 2020.
로데베이크 페트람 지음, 조진서 옮김, 『세계 최초의 증권거래소』, 이콘, 2016.
앙드레 코스톨라니 지음, 서순승 옮김, 『돈이란 무엇인가』, 이레미디어, 2016.

Adkins, Lisa, Cooper, Melinda, and Konings, Martijn, *The Asset Economy*, Cambridge: Polity, 2020. ; 김현정 옮김, 『이 모든 것은 자산에서 시작되었다』, 사이, 2021.

Ante, Spencer E., *Creative Capital: Georges Doriot and the Birth of Venture Capital*, Boston: Harvard Business Review Press, 2008.

Arnuk, Sal and Saluzzi, Joseph, *Broken Markets: How High Frequency Trading and Predatory Practices on Wall Street Are Destroying Investor Confidence and Your Portfolio*, Upper Saddle River: FT Press, 2012.

Arvedlund, Erin, *Open Secret: The Global Banking Conspiracy That Swindled Investors Out of Billions*, New York: Portfolio, 2014.

Ashlag, Yishai, *The Noise Factor*, Great Barrington: North River Press, 2021.

Becker, Ernest, *Escape from Evil*, New York: Free Press, 1975.

Billingsley, Randall S., *Understanding Arbitrage: An Intuitive Approach to Financial Analysis*, Philadelphia: Wharton School Publishing, 2005.; 남상구 옮김, 『위험 없이는 수익도 없다』, 럭스미디어, 2008.

Blastland, Michael and Dilnot, Andrew, *The Numbers Game: The Commonsense Guide to Understanding Numbers in the News*, in Politics, and in Life, San Francisco: Gotham, 2008.

Bodek, Haim, T*he Problem of HFT: Collected Writings on High Frequency Trading & Stock Market Structure Reform*, Stanford: Decimus Capital Markets, 2013.

Bodie, Zvi, Kane, Alex and Marcus, Alan, *Essentials of Investments* (6th Edition), New York: McGraw Hill, 2005.

Bogle, John C., *The Clash of the Cultures: Investment vs. Speculation*, Hoboken: John Wiley and Sons, 2012. ; 서정아 옮김, 『존 보글 가치투자의 원칙』, 해의 시간, 2021.

Bonner, William and Wiggin, Addison, *The New Empire of Debt: The Rise and Fall of an Epic Financial Bubble* (2nd edition), Hoboken: Wiley, 2009.

Booker, Rob, *Adventures of a Currency Trader: A Fable about Trading, Courage, and Doing the Right Thing,* Hoboken: Wiley, 2007.

Bookstaber, Richard, *The End of Theory: Financial Crises, the Failure of Economics, and the Sweep of Human Interaction,* Princeton: Princeton University Press, 2017.

Bookstaber, Richard, *A Demon of Our Own Design: Markets, Hedge Funds, and the Perils of Financial Innovation,* Hoboken: Wiley, 2007.

Bossaerts, Peter, *The Paradox of Asset Pricing,* Princeton: Princeton University Press, 2002.

Bown, Stephen, *The Company: The Rise and Fall of the Hudson's Bay Empire,* Toronto: Doubleday Canada, 2020.

Buchanan, John, Chai, Dominic H., and Deakin, Simon, *Hedge Fund Activism in Japan: The Limits of Shareholder Primacy,* Cambridge: Cambridge University Press, 2012.

Burgis, Luke, *Wanting: The Power of Mimetic Desire in Everyday Life,* Manhattan: St. Martin's Press, 2021. ; 최지희 옮김, 『너 자신의 이유로 살라』, 토네이도, 2022.

Burstein, Gabriel, *Macro Trading & Investment Strategies: Macroeconomic Arbitrage in Global Markets,* Hoboken: Wiley, 1999.

Cairo, Alberto, *How Charts Lie: Getting Smarter about Visual Information,* New York: W. W. Norton & Company, 2019. ; 박슬라 옮김, 『숫자는 거짓말을

한다』, 웅진지식하우스, 2020.

Carlson, Robert C., *Invest like a Fox⋯ not like a Hedgehog: How You Can Earn Higher Returns With Less Risk,* Hoboken: Wiley, 2007.

Christian, Brian, *The Alignment Problem: Machine Learning and Human Values,* New York: W. W. Norton & Company, 2020.

Corcoran, Clive M., *Long/Short Market Dynamics: Trading Strategies for Today's Markets,* Hoboken: Wiley, 2007.

Cohen, Ben, *The Hot Hand: The Mystery and Science of Streaks,* New York: Custom House, 2020.

Cohen, Ronald, *Impact: Reshaping Capitalism to Drive Real Change,* London: Ebury Press, 2020.

Cooper, George, *Fixing Economics: The story of how the dismal science was broken and how it could be rebuilt,* Hampshire: Harriman House, 2016.

Cooper, George, *The Origin of Financial Crisis: Central Banks, Credit Bubbles and the Efficient Market Fallacy,* Hampshire: Harriman House, 2008.

Coulson, Michael, *The History of Mining: The events, technology and people involved in the industry that forged the modern world,* Hampshire: Harriman House, 2012.

Coyle, Diane, *Cogs and Monsters: What Economics Is, and What It Should Be,* Princeton: Princeton University Press, 2021.

Daub, Adrian, *What Tech Calls Thinking: An Inquiry into the Intellectual Bedrock of Silicon Valley,* New York: FSG Originals, 2020. ; 이동수 옮김, 『실리콘밸리, 유토피아&디스토피아』, 팡세, 2021.

Davey, Catherine, *Making Money from CFD Trading: How I Turned $13K Into $30K in 3 Months,* Hoboken: Wiley, 2011.

Davies, Dan, *Lying for Money: How Legendary Frauds Reveal the Workings of the World,* New York: Scribner, 2021.

De Brouwer, Gordon, *Hedge Funds in Emerging Markets,* Cambridge: Cambridge University Press, 2001.

Dellanna, Luca, *Ergodicity: Definition, Examples, And Implications, As Simple As Possible*(2nd edition), Chicago: Independently published, 2022.

Dellanna, Luca, *The Control Heuristic: The Nature of Human Behavior*(2nd edition), Chicago: Independently published, 2020.

Dellanna, Luca, *The Power of Adaptation: a guide to bottom-up growth that lasts,* Chicago: Independently published, 2018.

Dennin, Torsten, *From Tulips to Bitcoins: A History of Fortunes Made and Lost in Commodity Markets,* Austin: River Grove Books, 2019. ; 이미정 옮김,

『42가지 사건으로 보는 투기의 세계사』, 웅진지식하우스, 2022.

Drobny, Steven, *The Invisible Hands: Top Hedge Fund Traders on Bubbles, Crashes, and Real Money,* Hoboken: Wiley, 2010.

Drobny, Steven, *Inside the House of Money: Top Hedge Fund Traders on Profiting in the Global Markets,* Hoboken: Wiley, 2013.

Dubil, Robert, *An Arbitrage Guide to Financial Markets,* Hoboken: Wiley, 2004.

Duke, Annie, *How to Decide: Simple Tools for Making Better Choices,* New York: Portfolio, 2020.

Duke, Annie, *Thinking in Bets: Making Smarter Decisions When You Don't Have All the Facts,* New York: Portfolio, 2018. ; 구세희 옮김, 『결정, 흔들리지 않고 마음먹은 대로』, 에이트 포인트, 2018.

Dunbar, Nicholas, *The Devil's Derivatives: The Untold Story of the Slick Traders and Hapless Regulators Who Almost Blew Up Wall Street… and Are Ready to Do It Again,* Boston: Harvard Business Review, 2011.

Dunbar, Nicholas, *Inventing Money: The Story of Long-Term Capital Management and the Legends Behind It,* Hoboken: Wiley, 1999.

Durbin, Michael, *All About High-Frequency Trading,* New York: McGraw Hill, 2010.

Einhorn, David, *Fooling Some of the People All of the Time, A Long Short Story,* Hoboken: Wiley, 2008.

Eisenmann, Tom, *Why Startups Fail: A New Roadmap for Entrepreneurial Success,* Redfern: Currency, 2021. ; 박영준 옮김, 『세상 모든 창업가가 묻고 싶은 질문들』, 비즈니스북스, 2022.

Endlich, Lisa, *Goldman Sachs The Culture of Success,* New York: Knopf, 1999.

Enrich, David, *Dark Towers: Deutsche Bank, Donald Trump, and an Epic Tail of Destruction,* New York: Custom House, 2020.

Eyal, Nir, *Indistractable: How to Control Your Attention and Choose Your Life,* Dallas: BenBella Books, 2019. ; 김고명 옮김, 『초집중』, 안드로메디안, 2020.

Fisher, Ken, *The Ten Roads to Riches: The Ways the Wealthy Got There,* Hoboken: Wiley, 2008.

Fox, Justin, *The Myth of the Rational Market: A History of Risk, Reward, and Delusion on Wall Street,* New York: Harper Business, 2009. ; 윤태경 옮김, 『죽은 경제학자들의 만찬』, 랜덤하우스코리아, 2010.

Frank, Robert H., *Under the Influence: Putting Peer Pressure to Work,* Princeton: Princeton University Press, 2020.

Frank, Robert H., *Success and Luck: Good Fortune and the Myth of Meritocracy,* Princeton: Princeton University Press, 2016. ; 정태영 옮김, 『실력과 노력으로 성공했다는 당신에게』, 글항아리, 2018.

Gilbert, Sam, *Good Data: An Optimist's Guide to Our Digital Future,* London: Welbeck, 2021.

Goldblatt, David, *The Games: A Global History of the Olympics,* New York: W. W. Norton & Company, 2016.

Graeber, David and Wengrow, David, *The Dawn of Everything: A New History of Humanity,* New York: Farrar, Straus and Giroux, 2021.

Hagstrom, Robert G., *Investing: The Last Liberal Art,* Cheshire: Texere, 2002. ; 박성진 옮김, 『현명한 투자자의 인문학』, 부크온, 2021.

Hand, David J., *Dark Data: Why What You Don't Know Matters,* Princeton: Princeton University Press, 2020. ; 노태복 옮김, 『다크 데이터』, 더퀘스트, 2021.

Harford, Tim, *The Data Detective: Ten Easy Rules to Make Sense of Statistics,* New York: Riverhead Books, 2021.

Heller, Michael, *The Gridlock Economy How Too Much Ownership Wrecks Markets, Stops Innovation, and Costs Lives,* New York: Basic Books, 2008. ; 윤미나 옮김, 『소유의 역습, 그리드락』, 웅진지식하우스, 2009.

Housel, Morgan, *The Psychology of Money: Timeless lessons on wealth, greed, and happiness,* Hampshire: Harriman House, 2021. ; 이지연 옮김, 『돈의 심리학』, 인플루엔셜, 2021.

Huff, Darrell, *How to Lie with Statistics,* New York: W. W. Norton & Company, 1993. 『새빨간 거짓말, 통계』

Ivashina, Victoria and Lerner, Josh, *Patient Capital: The Challenges and Promises of Long-Term Investing,* Princeton: Princeton University Press, 2019.

Jacque, Laurent L., *Global Derivative Debacles: from Theory to Malpractice,* Singapore: World Scientific Publishing, 2010.

Johnson, Barry, *Algorithmic Trading and DMA: An introduction to direct access trading strategies,* London: 4Myeloma Press, 2010.

Johnson, Eric. J., *The Elements of Choice: Why the Way We Decide Matters,* New York: Riverhead Books, 2021.

Johnson, Neil F., Jefferies, Paul and Pak Ming Hui, *Financial Market Complexity: What Physics Can Tell Us About Market Behaviour,* Oxford: Oxford University Press, 2003.

Keen, Steve, *The New Economics: A Manifesto,* Cambridge: Polity, 2021.

Kim, Kendall, *Electronic and Algorithmic Trading Technology: The Complete Guide,* Cambridge: Academic Press, 2007.

King, Mervyn and Kay, John, *Radical Uncertainty: Decision-Making Beyond the Numbers,* New York: W. W. Norton & Company, 2020.

Kritzman, Mark P., *Puzzles of Finance,* Hoboken: Wiley, 2000.

Kucharski, Adam, *The Perfect Bet: How Science and Math are Taking the Luck out of Gambling,* New York: Basic Books, 2016. ; 정훈직 옮김, 『수학자는 행운을 믿지 않는다』, 북라이프, 2016.

Kupor, Scott, *Secrets of Sand Hill Road: Venture Capital and How to Get It,* New York: Portfolio, 2019.

Lambert, Emily, *The Futures: The Rise of the Speculator and the Origins of the World's Biggest Markets,* New York: Basic Books, 2010.

Larson, Erik J., *The Myth of Artificial Intelligence: Why Computers Can't Think the Way We Do,* Cambridge: Belknap Press, 2021.

Lefèvre , Edwin, *Reminiscences of a Stock Operator,* Bristol: Auroch Press, 2021. ; 『어느 주식투자자의 회상』

Leppo, Robert, *The Speculator's Mosaic,* Chicago: Independently published, 2019.

Levine, Yasha, *Surveillance Valley,* London: Icon Books Ltd., 2019.

Lewis, Michael, *The Premonition: A Pandemic Story,* New York: W. W. Norton & Company, 2021.

Lewis, Michael, *The Fifth Risk,* New York: W. W. Norton & Company, 2018. ; 권은하 옮김, 『다섯 번째 위험』, 비즈니스맵, 2021.

Lewis, Michael, *The Undoing Project: A Friendship That Changed Our Minds,* New York: W. W. Norton, 2016. ; 이창신 옮김, 『생각에 관한 생각』, 김영사, 2018.

Lewis, Michael, *Flash Boys,* New York: W. W. Norton & Company, 2014. ; 이제용 옮김, 『플래시 보이스』, 비즈니스북스, 2014.

Lewis, Michael, *Boomerang: Travels in the New Third World,* New York: W. W. Norton, & Company 2011.

Lewis, Michael, *The Big Short: Inside the Doomsday Machine,* New York: W. W. Norton & Company, 2010. ; 이미정 옮김, 『빅 숏』, 비즈니스맵, 2010.

Lewis, Michael, *Next: The Future Just Happened,* New York: W. W. Norton & Company, 2001.

Lewis, Michael, *The New New Thing: A Silicon Valley Story,* New York: W. W. Norton & Company, 1999.

Lewis, Michael, *The Money Culture,* New York: W. W. Norton & Company,

1991.

Lewis, Michael, *Liar's Poker: Rising Through the Wreckage on Wall Street,* New York: W. W. Norton & Company, 1989. ; 정명수 옮김, 『라이어스 포커』, 위즈덤하우스, 2006.

Lo, Andrew W., *Hedge Funds: An Analytic Perspective,* Princeton: Princeton University Press, 2008.

Lockwood, David, *Fooled by the Winners: How Survivor Bias Deceives Us,* Austin: Greenleaf Book Group Press, 2021.

Lowenstein, Roger, *When Genius Failed: The Rise and Fall of Long-Term Capital Management,* New York: Random House, 2000. ; 이승욱 옮김, 『천재들의 머니게임』, 한국경제신문사, 2010.

MacKenzie, Donald, *Trading at the Speed of Light: How Ultrafast Algorithms Are Transforming Financial Markets,* Princeton: Princeton University Press, 2021.

Mallaby, Sebastian, *The Power Law: Venture Capital and the Making of the New Future,* London: Penguin Press, 2022.

Mallaby, Sebastian, *More Money Than God: Hedge Funds and the Making of a New Elite,* London: Penguin Press, 2010. ; 김지욱 옮김, 『헤지펀드 열전』, 첨단금융출판사, 2011.

Manson, Mark, *The Subtle Art of Not Giving a F*ck: A Counterintuitive Approach to Living a Good Life,* New York: Harper, 2016.

Markham, Jerry M., *Law Enforcement and the History of Financial Market Manipulation,* Oxfordshire: Routledge, 2014.

McCauley, Joseph L., *Dynamics of Markets: The New Financial Economics,* Cambridge: Cambridge University Press, 2004.

McLean, Bethany, *Saudi America: The Truth about Fracking and How It's Changing the World,* New York: Columbia Global Reports, 2018.

McNally, David, *Blood and Money: War, Slavery, Finance, and Empire,* Chicago: Haymarket Books, 2020.

Meadows, Richard, *Optionality: How to Survive and Thrive in a Volatile World,* Paris: Thales Press, 2020.

Michaels, David, *The Triumph of Doubt: Dark Money and the Science of Deception,* Oxford: Oxford University Press, 2020.

Minsky, Hyman P., *Stabilizing an Unstable Economy,* New York: McGraw Hill, 2008.

Muller, Zerry Z., *The Tyranny of Metrics,* Princeton: Princeton University Press, 2018. ; 김윤경 옮김, 『성과지표의 배신』, 궁리출판, 2020.

Murphy, John J., *Intermarket Analysis: Profiting from Global Market Relationships* (2nd Edition), Hoboken: Wiley, 2004.

O'Connor, Cailin and Weatherall, James O., *The Misinformation Age: How False Beliefs Spread,* New Haven: Yale University Press, 2018. ; 박경선 옮김, 『거짓은 어떻게 확산되는가』, 반니, 2021.

O'Hara, Maureen, *Market Microstructure Theory,* Hoboken: Blackwell Publishing, 1997.

Olson, Erika S., *Zero-Sum Game: The Rise of the World's Largest Derivatives Exchange,* Hoboken: Wiley, 2010.

Orrell, David, *Quantum Economics: The New Science of Money,* London: Icon Books, 2018.

Page, Will, *Tarzan Economics: Eight Principles for Pivoting Through Disruption,* New York: Little, Brown and Company, 2021. ; 이수경 옮김, 『타잔 경제학』, 한국경제신문사, 2022.

Patterson, Scott, *Dark Pool: The Rise of the Machine Traders and the Rigging of the U.S. Stock Market,* New York: Crown Business, 2012.

Paul, Jim and Moynihan, Brendan, *What I learned Losing a Million Dollars,* New York: Columbia Business School, 2013.

Pistor, Katharina, *The Code of Capital: How the Law Creates Wealth and Inequality,* Princeton: Princeton University Press, 2019.

Portnoy, Brian, *The Investor's Paradox: The Power of Simplicity in a World of Overwhelming Choice,* Manhattan: St. Martin's Press, 2014.

Purica, Ionut, *Nonlinear Dynamics of Financial Crises: How to Predict Discontinuous Decisions,* Cambridge: Academics Press, 2015.

Quinn, William and Turner, John D., *Boom and Bust: A Global History of Financial Bubbles,* Cambridge: Cambridge University Press, 2020. ; 최지수 옮김, 『버블: 부의 대전환』, 브라이트, 2021.

Rebonato, Riccardo, *Plight of the Fortune Tellers: Why We Need to Manage Financial Risk Differently,* Princeton: Princeton University Press, 2007.

Rebonato, Riccardo, *Volatility and Correlation: The Perfect Hedger and the Fox* (2nd edition), Hoboken: Wiley, 2004.

Reich, Robert B., *Saving Capitalism: For the Many, Not the Few,* New York: Knopf, 2015. ; 안기순 옮김, 『로버트 라이시의 자본주의를 구하라』, 김영사, 2016.

Reinhart, Carmen M., and Rogoff, Kenneth S., *This Time is Different: Eight Centuries of Financial Folly,* Princeton: Princeton University Press, 2009. ; 최재형 옮김, 『이번엔 다르다』, 다른세상, 2010.

Ritchie, Stuart, *Science Fictions: How Fraud, Bias, Negligence, and Hype Undermine the Search for Truth,* New York: Metropolitan Books, 2020. ; 김종명 옮김, 『사이언스 픽션』, 더난출판사, 2022.

Roehner, Bertrand M., *Patterns of Speculation: A Study in Observational Econophysics,* Cambridge: Cambridge University Press, 2002.

Rose, Todd, *The End of Average: How We Succeed in a World That Values Sameness,* San Francisco: HarperOne, 2016. ; 정미나 옮김, 『평균의 종말』, 21세기북스, 2021.

Roth, Alvin E., *Who Gets What-and Why: The New Economics of Matchmaking and Market Design,* New York: Eamon Dolan/Houghton Mifflin Harcourt, 2015. ; 이경남 옮김, 『매칭』, 알키, 2016.

Rubinstein, Mark, *A History of the Theory of Investments: My Annotated Bibliography,* Hoboken: Wiley, 2006.

Savage, Sam L., *The Flaw of Averages: Why We Underestimate Risk in the Face of Uncertainty,* Hoboken: Wiley, 2009.

Schelling, Thomas C., *Micromotives and Macrobehavior: Fels Lectures on Public Policy Analysis,* New York: W. W. Norton & Company, 1978. ; 이한중 옮김, 『미시동기와 거시행동』, 21세기북스, 2009.

Schneeweis, Thomas, Crowder, Garry B., and Kazemi, Hossein, *The New Science of Asset Allocation,* Hoboken: Wiley, 2010.

Schwartz, Dan, *The Future of Finance: How Private Equity and Venture Capital Will Shape the Global Economy,* Hoboken: John Wiley and Sons, 2010.

Schwed, Fred Jr., *Where are the Customers' Yachts? Or, A Good Hard Look at Wall Street,* Hoboken: Wiley, 1995. ; 김상우 옮김, 『고객의 요트는 어디에 있는가?』, 부크온, 2012.

Scott, Bruce R., *The Concept of Capitalism,* Midtown Manhattan: Springer, 2009.

Shelley, Louise I., *Dark Commerce: How a New Illicit Economy Is Threatening Our Future,* Princeton: Princeton University Press, 2020.

Shleifer, Andrei, *Inefficient Markets: An Introduction to Behavioral Finance,* Oxford: Oxford University Press, 2000.

Sibony, Olivier, *You're About to Make a Terrible Mistake: How Biases Distort Decision-Making and What You Can Do to Fight Them,* New York: Little, Brown Spark, 2020. ; 안종희 옮김, 『선택 설계자들』, 인플루엔셜, 2021.

Smith, Vernon L., *Rationality in Economics: Constructivist and Ecological Forms,* Cambridge: Cambridge University Press, 2007.

Smitten, Richard, *Jesse Livermore: World's Greatest Stock Trader,* Hoboken: Wiley, 2001. ; 정재호 편저, 『부자아빠가 들려주는 제시 리버모어』, 새빛, 2021.

Sornette, Didier, *Why Stock Markets Crash: Critical Events in Complex Financial Systems,* Princeton: Princeton University Press, 2002.

Stanyer, Peter, *Guide to Investment Strategy: How to Understand Markets, Risk, Rewards and Behaviour,* London: profile books, 2006.

Stefanini, Filippo, *Investment Strategies of Hedge Funds,* Hoboken: Wiley, 2006.

Stiglitz, Joseph E., Sen, Amartya, and Fitoussi, Jean-Paul, *MisMeasuring Our Lives: Why GDP Doesn't Add Up,* New York: The New Press, 2010.

Summa, John F., *Trading Against the Crowd: Profiting from Fear and Greed in Stock, Futures and Options Markets,* Hoboken: Wiley, 2004.

Sunstein, Cass R., *Too Much Information: Understanding What You Don't Want to Know,* Cambridge: The MIT Press, 2020.

Swensen, David F., *Pioneering Portfolio Managementt: An Unconventional Approach to Institutional Investment,* New York: Free Press, 2000. ; 김경록 옮김, 『포트폴리오 성공 운용』, 김&김, 2010.

Swensen, David F., *Unconventional Success: A Fundamental Approach to Personal Investment,* New York: Free Press, 2005.

Taleb, Nassim N., *Statistical Consequences of Fat Tails: Real World Preasymptotics, Epistemology, and Applications,* New York: STEM Academic Press, 2020.

Taleb, Nassim N., *Skin in the Game: Hidden Asymmetries in Daily Life,* New York: Random House, 2018. ; 김원호 옮김, 『스킨 인 더 게임』, 비즈니스북스, 2019.

Taleb, Nassim N., *Antifragile: Things That Gain from Disorder,* New York: Random House, 2012. ; 안세민 옮김, 『안티프래질』, 와이즈베리, 2013.

Taleb, Nassim N., *The Bed of Procrustes: Philosophical and Practical Aphorisms,* New York: Random House, 2010.

Taleb, Nassim N., *The Black Swan: The Impact of the Highly Improbable,* New York: Random House, 2007. ; 차익종, 김현구 옮김, 『블랙 스완』, 동녘사이언스, 2018.

Taleb, Nassim N., *Fooled by Randomness: The Hidden Role of Chance in Life and in the Markets,* Cheshire: Texere, 2001. ; 이건 옮김, 『행운에 속지 마라』, 중앙북스, 2016.

Taleb, Nassim N., *Dynamic Hedging: Managing Vanilla and Exotic Options,*

Hoboken: Wiley, 1996.

Tamaseb, Ali, *Super Founders: What Data Reveals About Billion-Dollar Startups,* New York: PublicAffairs, 2021. ; 문직섭 옮김, 『슈퍼 파운더』, 세종연구원, 2022.

Tett, Gillian, *Anthro-Vision: A New Way to See in Business and Life,* New York: Avid Reader Press/Simon & Schuster, 2021. ; 문희경 옮김, 『알고 있다는 착각』, 어크로스, 2022.

Vallee, Jacques F., *The Four Elements of Financial Alchemy: A New Formula for Personal Prosperity,* Berkeley: Ten Speed Press, 2000.

Vidyamurthy, Ganapathy, *Pairs Trading: Quantitative Methods and Analysis,* Hoboken: Wiley, 2004.

Voit, J., *The Statistical Mechanics of Financial Markets* (3rd edition), Midtown Manhattan: Springer, 2005.

Williams, Jeffrey, *Manipulation on Trial: Economic Analysis and the Hunt Silver Case,* Cambridge: Cambridge University Press, 1995.

Williams, Jeffrey, *The Economic Function of Futures Markets,* Cambridge: Cambridge University Press, 1986.

Wilmott, Paul, and Orrell, David, *The Money Formula: Dodgy Finance, Pseudo Science, and How Mathematicians Took Over the Markets,* Hoboken: Wiley, 2017.

Wright, Tom, and Hope, Bradley, *Billion Dollar Whale: The Man Who Fooled Wall Street, Hollywood, and the World,* New York: Hachette Books, 2018.

Yates, Kit, *The Math of Life and Death: 7 Mathematical Principles That Shape Our Lives,* New York: Scribner Book Company, 2020. ; 이충호 옮김, 『수학으로 생각하는 힘』, 웅진지식하우스, 2020.

Yudkowsky, Eliezer, *Inadequate Equilibria: Where and How Civilizations Get Stuck,* Berkeley: Machine Intelligence Research Institute, 2017.

Zuckerman, Gregory, *The Man Who Solved the Market: How Jim Simons Launched the Quant Revolution,* New York: Portfolio, 2019. ; 문직섭 옮김, 『시장을 풀어낸 수학자』, 로크미디어, 2021.

학술지

권오상, 「헤지펀드의 롱-숏 전략」, 『금융공학연구』, 11(3), pp.139~162, 2012.

투머치머니

ⓒ 권오상, 2022

초판 1쇄 2022년 8월 29일 찍음
초판 1쇄 2022년 9월 2일 펴냄

지은이 | 권오상
펴낸이 | 강준우
기획·편집 | 박상문, 김슬기
디자인 | 최진영
마케팅 | 이태준
관리 | 최수향
인쇄·제본 | 제일프린테크

펴낸곳 | 인물과사상사
출판등록 | 제17-204호 1998년 3월 11일

주소 | (04037) 서울시 마포구 양화로7길 6-16 서교제일빌딩 3층
전화 | 02-325-6364
팩스 | 02-474-1413

www.inmul.co.kr

ISBN 978-89-5906-644-5 03320

값 16,000원